EL INCONSCIENTE

UNA GUÍA DE LA PSICOLOGÍA FREUDIANA

TABLA DE CONTENIDO

INTRODUCCIÓN AL INCONSCIENTE

Definición y alcance

El inconsciente, un concepto fundamental en la teoría psicológica, abarca un vasto y complejo dominio dentro de la psique humana. Su definición presenta un desafío constante debido a su naturaleza intangible y a las múltiples maneras en que se manifiesta en el comportamiento humano. Al explorar el alcance del inconsciente, se hace evidente que su influencia se extiende mucho más allá del ámbito de la conciencia, orquestando a menudo procesos cognitivos, emocionales y conductuales sin que nos demos cuenta.

En esencia, el inconsciente se refiere al reservorio de pensamientos, sentimientos, impulsos y recuerdos que existen fuera de la consciencia, pero que impactan sustancialmente las experiencias y percepciones individuales. Este campo expansivo y elusivo opera más allá del alcance inmediato de la introspección, funcionando como una fuerza poderosa que moldea el comportamiento humano de maneras que escapan al escrutinio directo. Es crucial reconocer que el inconsciente no solo abarca recuerdos reprimidos u olvidados, sino que también encapsula instintos, impulsos innatos y procesos cognitivos que operan bajo la superficie de la cognición consciente.

El alcance de la influencia del inconsciente en los procesos psicológicos justifica un análisis exhaustivo debido a su omnipresencia en la vida cotidiana. Su impacto repercute en diversas dimensiones de la experiencia humana, ejerciendo una influencia sustancial en la toma de decisiones, las respuestas emocionales y la dinámica interpersonal. Al profundizar en las complejidades de este ámbito, investigadores y profesionales pueden obtener información valiosa sobre los mecanismos implícitos que sustentan el comportamiento humano, arrojando luz sobre fenómenos previamente ocultos por la conciencia.

Una exploración más profunda de la definición y el alcance del inconsciente revela su profunda relevancia para comprender fenómenos complejos como la intuición, la creatividad y los mecanismos de defensa psicológicos. El inconsciente permea la esencia de la existencia humana, generando un rico entramado de influencias que configuran los procesos cognitivos, las reacciones emocionales y los patrones de comportamiento. Comprender la interacción entre los campos inconsciente y consciente ofrece una apreciación matizada de la naturaleza multifacética de la psicología humana, subrayando el papel indispensable del inconsciente en el impulso de una multitud de procesos psicológicos.

Concepciones tempranas y fundamentos teóricos

El concepto de inconsciente tiene profundas raíces en la historia de la humanidad, que se remontan a las civilizaciones antiguas. Los primeros relatos sobre el inconsciente se entrelazaron con creencias religiosas y espirituales, donde a menudo se lo representaba como un campo de verdades y misterios ocultos. Las teorías del inconsciente también ocuparon un lugar destacado en el discurso filosófico, con pensadores como Platón y Aristóteles considerando la existencia de procesos mentales inconscientes. Sin embargo, no fue hasta la llegada de la psicología moderna que el inconsciente se convirtió en un foco de investigación científica.

La obra pionera de Sigmund Freud a finales del siglo XIX y principios del XX revolucionó la comprensión del inconsciente. Su teoría psicoanalítica proponía que la mente se compone de elementos conscientes e inconscientes, cada uno de los cuales ejerce una profunda influencia en el comportamiento humano. Según Freud, el inconsciente sirve como depósito de deseos reprimidos, recuerdos y conflictos no resueltos, que siguen moldeando pensamientos, emociones y acciones. La conceptualización freudiana del inconsciente sentó las bases para posteriores investigaciones sobre este enigmático campo de la mente.

Basándose en las ideas fundamentales de Freud, académicos y profesionales de diversas disciplinas han contribuido al desarrollo de diversos marcos teóricos sobre el inconsciente. Carl Jung, contemporáneo de Freud, introdujo el concepto de inconsciente colectivo, postulando la existencia de símbolos y arquetipos universales compartidos por toda la humanidad. Esta idea amplió el alcance del inconsciente más allá de las experiencias individuales para abarcar aspectos más amplios y transpersonales de la psique humana. Además, los teóricos neofreudianos, como Alfred Adler y Karen Horney, ofrecieron perspectivas alternativas sobre el inconsciente, haciendo hincapié en los factores sociales e interpersonales que configuran la dinámica inconsciente.

El estudio del inconsciente también se ha entrelazado con otros campos, como la neurociencia, la psicología cognitiva y la sociología, lo que ha dado lugar a una comprensión multifacética de este dominio. Los avances en las técnicas de neuroimagen han proporcionado información valiosa sobre los sustratos neuronales y los mecanismos que subyacen a los procesos inconscientes. Los psicólogos cognitivos han explorado el papel de la cognición automática e implícita en la influencia inconsciente sobre la percepción, la memoria y la toma de decisiones. Los sociólogos han examinado las dimensiones sociales y culturales del inconsciente, investigando cómo las creencias y normas colectivas configuran los fenómenos inconscientes dentro de grupos y comunidades.

Aspectos cognitivos, emocionales y afectivos

Los procesos cognitivos, a menudo asociados con la consciencia, también se ven influenciados por mecanismos inconscientes. Las investigaciones indican que una parte sustancial de las actividades cognitivas ocurren sin consciencia, lo que demuestra el profundo impacto del inconsciente en los procesos de pensamiento humano. Esto sugiere que nuestras decisiones, percepciones y juicios están significativamente influenciados por procesos mentales inconscientes, lo que pone de relieve la relación entre la cognición y el inconsciente.

Las experiencias emocionales y afectivas están profundamente entrelazadas con el funcionamiento del inconsciente. Emociones como el miedo, la alegría, la ira y la tristeza suelen estar influenciadas por fuerzas inconscientes, que se manifiestan en diversos comportamientos y expresiones. El inconsciente desempeña un papel fundamental en la regulación de las respuestas emocionales y la determinación de los estados afectivos, contribuyendo al complejo entramado de las experiencias emocionales humanas. Comprender la interacción entre el inconsciente y las emociones es crucial para comprender la profundidad y la variabilidad de las expresiones y reacciones emocionales humanas.

Los aspectos afectivos del inconsciente abarcan un amplio espectro de sentimientos y estados de ánimo que impactan significativamente el bienestar y el comportamiento de una persona. El inconsciente puede albergar experiencias afectivas no resueltas, lo que lleva a la manifestación de síntomas como ansiedad, depresión y trastornos traumáticos. Explorar las dimensiones afectivas del inconsciente proporciona información sobre cómo las experiencias pasadas siguen influyendo en el panorama emocional de una persona, lo que ofrece valiosas implicaciones para las intervenciones terapéuticas y la regulación emocional.

Fundamentos anatómicos y biológicos

La comprensión del inconsciente desde una perspectiva biológica y anatómica es un área de gran interés y relevancia en la psicología contemporánea. Examinar los fundamentos anatómicos y biológicos del inconsciente requiere un enfoque multidisciplinario que integre conocimientos de la neurociencia, la neurobiología y la psicología cognitiva. El cerebro es el principal centro de estudio de las bases anatómicas y biológicas del inconsciente. La investigación en neurociencia ha demostrado que diversas regiones cerebrales y redes neuronales están asociadas con funciones relacionadas con el inconsciente. La amígdala, por ejemplo, desempeña un papel crucial en el procesamiento y la respuesta emocional, influyendo en las reacciones inconscientes a los estímulos. De igual manera, el hipocampo participa en la consolidación de la memoria, incluyendo el almacenamiento de recuerdos con carga emocional que pueden afectar las conductas inconscientes y los procesos de toma de decisiones. Además, la corteza prefrontal, a menudo considerada la sede del funcionamiento ejecutivo, modula la conciencia y el control volitivo sobre los impulsos e impulsos inconscientes. La interacción entre estas y otras estructuras cerebrales constituye la base para comprender los fundamentos anatómicos y biológicos del inconsciente. Además, los avances en las técnicas de neuroimagen, como la resonancia magnética funcional (fMRI) y la electroencefalografía (EEG), han proporcionado información valiosa sobre los correlatos neuronales de los procesos mentales inconscientes. Estas metodologías permiten a los investigadores mapear patrones de actividad cerebral asociados con percepciones, pensamientos y emociones inconscientes, arrojando luz sobre los mecanismos y circuitos neuronales subyacentes involucrados. Desde un punto de vista biológico, el papel de los neurotransmisores y neuromoduladores en la configuración de los estados mentales inconscientes no puede pasarse por alto. La señalización neuroquímica, mediada por neurotransmisores como la dopamina, la serotonina y la noradrenalina, influye en el estado de ánimo, la motivación y la activación, todos los cuales son esenciales para los procesos cognitivos y emocionales inconscientes. Además, la regulación hormonal, en particular la que involucra el eje hipotálamo-hipofisario-adrenal (HHA) y el sistema endocrino, ejerce profundos efectos sobre las respuestas al estrés, la reactividad emocional y la codificación de recuerdos inconscientes. Comprender la interacción entre los sistemas neuronal, neuroquímico y endocrino proporciona información crucial sobre los fundamentos biológicos del inconsciente.

El papel del inconsciente en la vida cotidiana

El inconsciente desempeña un papel profundo e influyente en la configuración de nuestras experiencias, comportamientos y decisiones cotidianas. A pesar de su naturaleza oculta, ejerce un impacto profundo en nuestros pensamientos, emociones y acciones, guiándonos a menudo de maneras imperceptibles para nuestra consciencia. Una de las funciones fundamentales del inconsciente es procesar y almacenar la gran cantidad de información que encontramos a diario. Esta reserva de conocimiento, recuerdos y experiencias moldea sutilmente nuestras percepciones y respuestas al mundo que nos rodea. Por ejemplo, los procesos inconscientes que subyacen a los hábitos y rutinas automáticos nos permiten desenvolvernos en entornos familiares y realizar tareas rutinarias de forma eficiente, sin necesidad de una deliberación consciente constante.

El inconsciente influye significativamente en nuestras experiencias emocionales e interacciones interpersonales. Creencias, miedos y motivaciones profundamente arraigadas en el inconsciente pueden manifestarse de forma sutil, influyendo en nuestros sentimientos, actitudes y dinámicas relacionales. También desempeña un papel fundamental en la toma de decisiones, ya que el inconsciente a menudo guía nuestras preferencias, sesgos y juicios intuitivos, moldeando las decisiones que tomamos en diversos ámbitos, como las relaciones personales, la carrera profesional y las actividades de ocio.

El inconsciente contribuye a los aspectos creativos e imaginativos de la cognición humana. Puede incubar ideas novedosas, generar soluciones perspicaces e impulsar la expresión artística mediante procesos implícitos que se despliegan bajo la consciencia. Muchos avances artísticos y científicos se atribuyen a la capacidad del inconsciente para integrar información diversa y producir conexiones innovadoras que trascienden las limitaciones del razonamiento lógico consciente.

Además, el inconsciente sirve como depósito de conflictos no resueltos, deseos no reconocidos y aspectos fragmentados del Yo, que pueden manifestarse en sueños, expresiones simbólicas y patrones de comportamiento disfuncionales. Comprender estas manifestaciones inconscientes es crucial para comprender mejor las dificultades psicológicas, facilitar el crecimiento personal y promover el bienestar emocional.

Procesos inconscientes

Los procesos inconscientes desempeñan un papel fundamental en la configuración del comportamiento, la cognición y las emociones humanas. Estos procesos operan más allá del ámbito de la conciencia, pero ejercen una profunda influencia en nuestros pensamientos y acciones. Comprender estos procesos inconscientes es crucial para comprender las complejidades de la mente y el comportamiento humanos.

En el núcleo de los procesos inconscientes se encuentra la red de actividades mentales automáticas que ocurren sin control ni intención consciente. Estos procesos abarcan una amplia gama de funciones cognitivas, como la percepción, la memoria, la toma de decisiones y la regulación emocional. La investigación en psicología cognitiva ha revelado que una proporción significativa de las operaciones mentales se realizan de forma inconsciente, lo que arroja luz sobre el profundo impacto de estos procesos en nuestra vida cotidiana.

Un aspecto clave de los procesos inconscientes es su papel en la formación de actitudes y sesgos implícitos. Los sesgos implícitos, arraigados en el inconsciente, pueden influir en nuestras percepciones, juicios e interacciones interpersonales. Explorar la naturaleza de estos sesgos implícitos proporciona información valiosa sobre problemas sociales como los prejuicios, la discriminación y los estereotipos, ofreciendo una perspectiva crítica para examinar y abordar estas complejas dinámicas sociales.

Los procesos inconscientes trascienden la cognición individual e inciden en los comportamientos colectivos y los fenómenos sociales. La dinámica de grupo, las normas culturales y las instituciones sociales se configuran, en gran medida, por procesos inconscientes que operan tanto a nivel individual como colectivo. Comprender los mecanismos subyacentes de estos procesos es esencial para comprender la dinámica de los sistemas sociales y promover un cambio social positivo.

El estudio de los procesos inconscientes también abarca el psicoanálisis y la psicología profunda, con raíces que se remontan a la obra pionera de Sigmund Freud. Los marcos psicoanalíticos dilucidan el funcionamiento del inconsciente, enfatizando la importancia de los símbolos, los sueños y los conflictos internos en la configuración de las experiencias y el comportamiento psicológico. Este enfoque multifacético para comprender el inconsciente abre caminos para explorar la interacción entre los procesos mentales conscientes e inconscientes.

Barreras a la comprensión y conceptos erróneos

El estudio del inconsciente se ve acompañado de numerosas barreras y conceptos erróneos que han contribuido a su naturaleza enigmática. Una de las principales barreras es la dificultad inherente para acceder y medir empíricamente los procesos inconscientes. A diferencia de las experiencias conscientes, que pueden reportarse y estudiarse fácilmente, los estados mentales inconscientes existen más allá del alcance de la conciencia inmediata, lo que dificulta su investigación. Esto supone una limitación significativa para nuestra comprensión del inconsciente, ya que los métodos de investigación tradicionales basados en datos de autoinforme pueden no captar sus complejas operaciones.

Las ideas erróneas y las ambigüedades en torno al concepto del inconsciente han permeado la cultura popular e incluso el discurso académico. Las representaciones mediáticas suelen presentar el inconsciente como un campo misterioso lleno de deseos reprimidos y representaciones simbólicas, lo que da lugar a interpretaciones románticas y simplistas. Estas representaciones engañosas dificultan la comprensión precisa del inconsciente, perpetuando ideas erróneas tanto en la esfera pública como entre investigadores y académicos.

Otra barrera notable se relaciona con las consideraciones éticas y las complejidades que implica el estudio del inconsciente. Dado su papel fundamental en la configuración del comportamiento y las emociones, profundizar en el campo del inconsciente plantea dilemas éticos en cuanto al consentimiento, la privacidad y el posible daño psicológico. Descubrir y confrontar material inconsciente profundamente enterrado puede provocar incomodidad o angustia en las personas, lo que requiere la aplicación rigurosa de directrices y salvaguardias éticas en la investigación y la práctica clínica.

La naturaleza multifacética del inconsciente, que abarca diversas formas de cognición, emoción y motivación, presenta un desafío para desentrañar sus complejas manifestaciones. Distinguir entre los diversos procesos inconscientes y discernir sus contribuciones individuales al comportamiento exige un análisis riguroso y un refinamiento metodológico. La falta de un marco teórico unificado complica aún más el estudio del inconsciente, ya que las diversas perspectivas y las teorías contradictorias impiden el consenso y la coherencia en la comprensión de este dominio.

Abordar estas barreras y disipar las ideas erróneas sobre el inconsciente requiere un esfuerzo concertado para integrar perspectivas interdisciplinarias, desarrollar metodologías innovadoras y entablar un diálogo crítico. Solo mitigando estos obstáculos podremos facilitar una comprensión más matizada y completa del profundo impacto del inconsciente en la cognición, el afecto y la conducta humana.

Enfoques metodológicos para el estudio del inconsciente

El estudio del inconsciente requiere un enfoque reflexivo y multifacético, que integre perspectivas de diversas disciplinas, tanto dentro como fuera de la psicología. Los investigadores han empleado diversos enfoques metodológicos para explorar este enigmático campo de la cognición y el comportamiento humanos. Uno de estos enfoques implica el uso de métodos psicoanalíticos, desarrollados por Sigmund Freud, que profundizan en las profundidades del inconsciente mediante técnicas como la asociación libre, el análisis de los sueños y la interpretación de los lapsus lingüísticos. Estos métodos proporcionan información valiosa sobre el funcionamiento oculto de la mente, revelando los motivos y conflictos subyacentes que configuran la experiencia consciente. Sin embargo, se han planteado críticas sobre la naturaleza subjetiva de las interpretaciones y la falta de evidencia empírica asociada a estas técnicas. En respuesta, los investigadores contemporáneos han recurrido a metodologías más empíricas y objetivas, como la neuroimagen y las medidas psicofisiológicas, para investigar los procesos inconscientes. Tecnologías avanzadas como la resonancia magnética funcional y la electroencefalografía ofrecen oportunidades sin precedentes para observar la actividad cerebral y las respuestas fisiológicas asociadas con los fenómenos mentales inconscientes. Al correlacionar patrones neuronales con tareas cognitivas o estímulos presentados fuera de la consciencia, los científicos pueden dilucidar los sustratos neuronales del procesamiento inconsciente de la información. Además, los paradigmas experimentales que utilizan la preparación subliminal y estímulos enmascarados han permitido a los investigadores manipular e investigar las influencias inconscientes en la percepción, la memoria y la toma de decisiones. Estos enfoques permiten un control preciso de la sincronización y la presentación de los estímulos, lo que facilita la exploración de los efectos sutiles, pero profundos, del inconsciente en el pensamiento y la conducta humana. Otra línea de investigación implica el modelado computacional y la inteligencia artificial, donde se emplean algoritmos sofisticados para simular procesos cognitivos inconscientes y patrones complejos de representación mental. Al aprovechar los marcos computacionales, los investigadores pueden comprender mejor las complejidades de la integración de la información inconsciente, el aprendizaje y la conducta adaptativa. Además, los estudios transculturales y del desarrollo contribuyen a nuestra comprensión de la universalidad y maleabilidad de los mecanismos inconscientes en diversas poblaciones y grupos de edad. Examinar cómo los procesos inconscientes se manifiestan en diferentes contextos socioculturales y evolucionan a lo largo de la vida enriquece nuestra comprensión de las complejidades inherentes al inconsciente. Al explorar el laberíntico terreno del inconsciente, se hace evidente que un enfoque integrador, que abarque tanto metodologías tradicionales como innovadoras, es esencial para discernir su relevancia para la psicología moderna.

Relevancia e implicaciones para la psicología moderna

A medida que las teorías psicológicas y los enfoques terapéuticos contemporáneos continúan evolucionando, comprender la relevancia y las implicaciones del inconsciente se vuelve cada vez más esencial. La interacción entre los procesos conscientes e inconscientes no solo configura el comportamiento y la cognición individuales, sino que también sustenta diversos fenómenos y trastornos psicológicos. Al analizar exhaustivamente la relevancia y las implicaciones del inconsciente en la psicología moderna, podemos comprender mejor la experiencia humana y allanar el camino para intervenciones y tratamientos más eficaces.

Un aspecto crucial de la relevancia del inconsciente reside en su influencia en la salud mental y el bienestar. La investigación contemporánea ha puesto de relieve el profundo impacto de los procesos inconscientes en la regulación emocional, el desarrollo de la personalidad y la manifestación de trastornos psicológicos. Al reconocer el papel del inconsciente en estos ámbitos, los psicólogos pueden refinar los criterios diagnósticos, adaptar las modalidades de tratamiento y mejorar los resultados terapéuticos generales. Además, comprender el inconsciente arroja luz sobre las complejidades de la cognición humana, lo que propicia avances en la psicología cognitiva, la neuropsicología y la neurociencia conductual.

Las implicaciones del inconsciente trascienden el ámbito individual para abarcar dinámicas sociales y culturales. Explorar las raíces inconscientes del prejuicio, los sesgos y el comportamiento social revela perspectivas cruciales sobre las relaciones intergrupales y las desigualdades sistémicas. Al integrar este conocimiento en la psicología social y comunitaria, investigadores y profesionales pueden diseñar estrategias para fomentar la inclusión, mitigar los sesgos y promover la cohesión social. Además, el estudio del inconsciente colectivo, tal como lo conceptualiza la psicología junguiana, ofrece un marco para comprender los símbolos arquetípicos, los mitos culturales y las experiencias humanas universales, lo que enriquece nuestra comprensión de la diversidad y la interconexión humanas.

En el contexto de la práctica terapéutica, reconocer la relevancia del inconsciente orienta el desarrollo de intervenciones basadas en la evidencia y enfoques integrativos. Los modelos de psicoterapia contemporáneos, como la terapia psicodinámica y las intervenciones basadas en mindfulness, se basan en los conocimientos derivados del estudio del inconsciente para abordar conflictos emocionales profundos, sesgos inconscientes y patrones de pensamiento desadaptativos. Al adoptar una comprensión holística de los campos consciente e inconsciente, los profesionales clínicos pueden perfeccionar sus técnicas terapéuticas, optimizar los resultados del tratamiento y empoderar a las personas para que logren un crecimiento y una transformación personal significativos.

En definitiva, al adoptar un enfoque integrado que sintetiza marcos teóricos, hallazgos empíricos y aplicaciones prácticas, los psicólogos pueden abordar las complejidades de la psique humana con mayor perspicacia y eficacia. Esta exploración tiene el potencial de impulsar la innovación, fomentar la colaboración interdisciplinaria e impulsar el campo de la psicología hacia un futuro caracterizado por una mayor sofisticación teórica y un mayor impacto social.

SIGMUND FREUD – TEORÍA, CONTEXTO Y DESARROLLO

Influencias tempranas en las teorías de Sigmund Freud

Las influencias en la obra de Freud provinieron de diversos campos, lo que contribuyó a la formación y desarrollo de sus teorías. Su temprana exposición a la filosofía, especialmente a las obras de filósofos como Schopenhauer y Nietzsche, jugó un papel significativo en la formación de sus ideas sobre el comportamiento humano y la naturaleza del inconsciente. Los conceptos filosóficos del inconsciente y las pulsiones subyacentes resonaron con Freud e influyeron significativamente en su marco teórico posterior. Además, su formación en neurología y psiquiatría le proporcionó una base sólida para comprender las complejidades de la mente humana y sentó las bases de sus revolucionarias teorías psicológicas. Sus estudios con el destacado neurólogo Jean-Martin Charcot en París le expusieron al concepto de histeria y al uso de la hipnosis en el tratamiento de los trastornos psicológicos. Estas experiencias impactaron profundamente el enfoque de Freud para comprender y tratar las enfermedades mentales, lo que finalmente condujo al desarrollo del psicoanálisis. Además, el contacto de Freud con la obra del fisiólogo Ernst Brücke enriqueció aún más su comprensión de los aspectos fisiológicos del sistema nervioso, influyendo en su futura investigación sobre la relación entre la mente y el cuerpo. Asimismo, su exposición al rico ambiente cultural e intelectual de Viena durante sus años de formación desempeñó un papel esencial en la ampliación de su perspectiva y el desarrollo de su pensamiento crítico. Fue en este vibrante entorno donde Freud desarrolló un profundo interés por la investigación científica, incorporando diversas influencias a sus florecientes teorías. La confluencia de estas diversas influencias finalmente impulsó a Freud a ser pionero en una nueva comprensión de la psique humana, marcando un momento crucial en la historia de la psicología.

Los años de formación y la educación de Freud en Viena

Los años de formación y la educación de Sigmund Freud en Viena desempeñaron un papel fundamental en la formación de sus revolucionarias teorías sobre el psicoanálisis y el inconsciente. Nacido en 1856, Freud creció en un entorno culturalmente rico en Viena, donde estuvo expuesto a diversas influencias intelectuales que posteriormente inspirarían su obra pionera. En sus primeros años, Freud demostró una aptitud excepcional para las actividades académicas, destacando en idiomas, literatura y filosofía, así como en ciencias naturales. Este enfoque multidisciplinar del aprendizaje se convertiría en un sello distintivo de sus posteriores contribuciones a la psicología. La decisión de Freud de seguir la carrera de medicina lo llevó a matricularse en la Universidad de Viena, donde estudió con algunos de los científicos y académicos más destacados de la época. Su contacto con pensadores destacados en diversos campos, como la neurología, la psicología y la psiquiatría, enriqueció su comprensión de la mente humana y sentó las bases para sus futuras exploraciones. Durante este período de formación, Viena se convirtió en un vibrante centro de efervescencia intelectual, proporcionando a Freud un entorno intelectualmente estimulante que fomentó el desarrollo de sus ideas pioneras. El rico patrimonio cultural de la ciudad, sumado a su próspera comunidad académica, ofreció a Freud un terreno fértil para el intercambio de conceptos innovadores y debates intelectuales. A medida que Freud profundizaba en sus estudios, se sumergió profundamente en las obras de figuras influyentes como Ernst Brücke, Theodor Meynert y otros que influyeron significativamente en sus investigaciones científicas. Además, sus primeras experiencias clínicas en el Hospital General de Viena le introdujeron en las complejidades de la práctica psiquiátrica y le proporcionaron valiosas perspectivas sobre los desafíos del tratamiento de pacientes con trastornos mentales. A través de estas experiencias formativas en Viena, Freud perfeccionó sus habilidades analíticas, adquirió una comprensión integral de los paradigmas científicos predominantes y se embarcó en un viaje transformador que cambiaría para siempre el panorama de la psicología moderna.

Estudios iniciales - De la neurología a la psiquiatría

Los primeros estudios de Freud en neurología le inculcaron una profunda comprensión del cerebro humano y sus intrincadas funciones. A medida que profundizaba en las complejidades del sistema nervioso, Freud se sintió cada vez más fascinado por la intersección de los procesos fisiológicos y los fenómenos psicológicos. Esta intersección formaría posteriormente la base de sus revolucionarias teorías sobre el inconsciente y la interacción dinámica entre los procesos mentales conscientes e inconscientes.

La incursión de Freud en la psiquiatría estuvo influenciada por su profundo interés en el tratamiento de los trastornos mentales y los mecanismos subyacentes que contribuyen a dichas afecciones. Su contacto con pacientes con diversas enfermedades psiquiátricas lo impulsó a explorar los factores psicológicos subyacentes que contribuían a estas manifestaciones. Al profundizar en el campo de la psiquiatría, Freud comenzó a reconocer las limitaciones de los enfoques médicos existentes para explicar ciertos síntomas enigmáticos que presentaban sus pacientes. Esta constatación lo motivó a ampliar su enfoque más allá de las explicaciones médicas tradicionales y a buscar una comprensión alternativa de la psique humana.

En medio de este período transformador, la colaboración de Freud con estimados colegas y mentores alimentó aún más su curiosidad intelectual y lo impulsó a explorar nuevas fronteras en el campo de la psiquiatría. A partir de perspectivas de diversas fuentes, como la literatura, la filosofía y la antropología, Freud se embarcó en un viaje de autodescubrimiento y exploración intelectual que finalmente redefiniría el panorama de la investigación psicológica. Fue durante esta fase que Freud sentó las bases de lo que posteriormente se conocería como psicoanálisis, un cambio de paradigma fundamental que revolucionó las nociones convencionales de salud mental e introdujo un nuevo marco para comprender las complejidades del comportamiento y la cognición humanos.

La evolución de los estudios de Freud, desde la neurología hasta la psiquiatría, subraya la naturaleza multifacética de su odisea intelectual y la confluencia de influencias que moldearon sus teorías transformadoras. Al recorrer estos ámbitos interdisciplinarios, Freud cultivó una profunda apreciación de la interconexión de los procesos biológicos y psicológicos, lo que finalmente sentó las bases de su revolucionaria conceptualización de la psique humana.

Colaboración con Joseph Breuer y los inicios del psicoanálisis

A finales del siglo XIX, la colaboración de Sigmund Freud con su colega médico y amigo, Josef Breuer, marcó un momento crucial en el desarrollo de la teoría psicoanalítica. Su trabajo conjunto en el caso de Anna O. sentó las bases de lo que se convertiría en el concepto de psicoanálisis. Los «Estudios sobre la histeria» de Breuer, publicados en 1895, detallaron su enfoque pionero para el tratamiento de la histeria, una afección caracterizada por síntomas físicos sin una causa orgánica aparente. Esto marcó el inicio de su exploración en el campo de los procesos inconscientes y el papel de los recuerdos reprimidos en el sufrimiento psicológico. El innovador «método catártico» empleado en el tratamiento de Anna O. consistió en guiarla para que recordara y vocalizara experiencias traumáticas, lo que condujo a una posterior liberación de sus síntomas. Este incidente proporcionó una perspectiva significativa sobre la relación entre los conflictos inconscientes y las manifestaciones somáticas. Además, su colaboración amplió la comprensión convencional de las enfermedades mentales, centrando la atención en factores psicológicos en lugar de los puramente fisiológicos. Posteriormente, Freud profundizó en las ideas establecidas durante su colaboración con Breuer, ampliando los conceptos de transferencia, resistencia y asociación libre. Estos elementos constituyeron la piedra angular del psicoanálisis clásico, enfatizando el papel de los procesos inconscientes y las experiencias infantiles en la formación de la personalidad y el comportamiento adultos. Gracias a su colaboración, Freud y Breuer abrieron nuevos caminos al reconocer y abordar la importancia del inconsciente en el bienestar mental, sentando las bases para el surgimiento del psicoanálisis como una disciplina terapéutica revolucionaria.

La interpretación de los sueños: la expansión del concepto del inconsciente

En «La interpretación de los sueños», Freud profundiza en el campo del inconsciente. Mediante un análisis exhaustivo de los sueños de sus pacientes, Freud formuló la idea de que los sueños son manifestaciones de deseos reprimidos y conflictos no resueltos arraigados en el inconsciente. Esto marcó un cambio significativo respecto a la visión predominante de los sueños como meros sucesos aleatorios y sin sentido durante el sueño.

La exploración que Freud hizo del simbolismo onírico y los significados ocultos sentó las bases de su teoría de la interpretación onírica. Propuso que los sueños permiten comprender los pensamientos y emociones más íntimos de las personas, sirviendo como puerta de acceso a aspectos de la psique que de otro modo permanecerían ocultos. Al desentrañar el lenguaje simbólico de los sueños, Freud sostuvo que era posible descubrir miedos, ansiedades y deseos reprimidos, arrojando luz sobre el funcionamiento interno del inconsciente.

Mediante un análisis minucioso del contenido onírico, Freud introdujo conceptos como el contenido manifiesto y el latente, enfatizando el papel crucial del simbolismo y las expresiones encubiertas en los sueños. Argumentó que el verdadero significado de los sueños solo podía desvelarse mediante un análisis e interpretación rigurosos, lo que permitía a las personas afrontar conflictos no resueltos y alcanzar una mayor autoconciencia.

«La interpretación de los sueños» no solo contribuyó a la comprensión del inconsciente, sino que también generó controversia y escepticismo entre sus contemporáneos. Sin embargo, las audaces introspecciones de Freud sobre el lenguaje simbólico del inconsciente siguen influyendo en la práctica psicoanalítica moderna y siguen siendo un punto clave en el estudio de la conciencia y la conducta humanas.

Publicaciones clave y su impacto en la psicología

En 1896, Freud publicó «La etiología de la histeria», en coautoría con Josef Breuer. Esta obra pionera sentó las bases del psicoanálisis, introduciendo el concepto de recuerdos reprimidos y el impacto de las experiencias de la primera infancia en la psicopatología adulta. Las ideas presentadas en esta publicación revolucionaron la comprensión de los trastornos psicológicos y desempeñaron un papel fundamental en el establecimiento de la teoría psicoanalítica.

La obra fundamental de Freud, «La interpretación de los sueños», publicada en 1899, marcó un hito en el campo de la psicología. Al profundizar en la naturaleza simbólica de los sueños y su conexión con los deseos y conflictos inconscientes, Freud proporcionó un marco integral para comprender la psique humana. Esta publicación no solo introdujo ideas revolucionarias sobre el inconsciente, sino que también marcó el inicio de un nuevo enfoque en la práctica clínica, sentando las bases para el análisis de los sueños y sus aplicaciones terapéuticas.

«La psicopatología de la vida cotidiana», publicada en 1901, ofreció una fascinante exploración de sucesos cotidianos como los lapsus linguae, los olvidos y otros actos aparentemente triviales, presentándolos como manifestaciones significativas del inconsciente. Esta publicación desafió las visiones convencionales sobre estos fenómenos y arrojó luz sobre el complejo funcionamiento del inconsciente en la vida cotidiana, consolidando la reputación de Freud como figura pionera en el estudio del comportamiento humano.

«Tres ensayos sobre la teoría de la sexualidad», publicado en 1905, presentó las ideas revolucionarias de Freud sobre el desarrollo de la sexualidad humana, enfatizando la importancia de las experiencias infantiles y la influencia de los motivos inconscientes en la conducta sexual. Esta influyente obra suscitó profundos debates e investigaciones sobre la sexualidad humana, moldeando enfoques posteriores para comprender el desarrollo y la conducta sexual. Además, «Más allá del principio del placer», publicado en 1920, introdujo las controvertidas teorías de Freud sobre el instinto de muerte y la compulsión a la repetición, cuestionando las nociones establecidas de placer e instintos. Esta publicación contribuyó a un cambio de paradigma en la comprensión de las pulsiones humanas e impulsó nuevas exploraciones sobre las complejidades de la motivación y la conducta humanas.

Desarrollo del concepto de complejo de Edipo

El concepto del complejo de Edipo, introducido por Freud, sigue siendo una de las ideas más controvertidas e influyentes en la historia de la psicología. Nombrado en honor al protagonista de la mitología griega, Edipo, este complejo simboliza una etapa crucial del desarrollo psicosexual. Según la teoría de Freud, durante la etapa fálica del desarrollo (aproximadamente entre los 3 y los 6 años), los niños experimentan un deseo subconsciente por su progenitor del sexo opuesto, a la vez que albergan celos y rivalidad hacia el progenitor del mismo sexo. Este estado emocional conflictivo se denomina complejo de Edipo en los niños y complejo de Electra en las niñas.

Freud derivó esta idea de sus observaciones clínicas y estudios de caso, en particular de sus encuentros con pacientes en psicoanálisis. El complejo de Edipo representa un hito crucial en la progresión del desarrollo psicosexual de un individuo y constituye una piedra angular de la teoría psicoanalítica freudiana. Freud creía que los conflictos no resueltos durante esta etapa podían conducir a problemas psicológicos persistentes en la edad adulta.

Los críticos han debatido la universalidad y aplicabilidad del complejo de Edipo en distintas culturas y sociedades, indicando que podría reflejar una perspectiva estrecha y occidentalizada. A pesar de estas críticas, el impacto del complejo de Edipo en el campo de la psicología es innegable. Ha impulsado una extensa investigación y debate teórico, dando lugar a interpretaciones que trascienden las perspectivas freudianas tradicionales.

Los psicólogos contemporáneos continúan explorando la relevancia del complejo de Edipo para comprender las dinámicas familiares, la formación de la identidad de género y la dinámica de las relaciones interpersonales. Además, el concepto ha dado lugar a investigaciones neurocientíficas que buscan dilucidar las bases biológicas de los deseos inconscientes y el desarrollo infantil.

Los experimentos de Freud con la hipnosis y su influencia

A finales del siglo XIX, Sigmund Freud emprendió una serie de experimentos con hipnosis que finalmente sentarían las bases del psicoanálisis e influirían significativamente en el desarrollo de sus teorías sobre el inconsciente. Freud se sintió inicialmente intrigado por el poder de la hipnosis mientras estudiaba con el renombrado neurólogo Jean-Martin Charcot en París. Las demostraciones de Charcot sobre el uso de la hipnosis para tratar a pacientes con síntomas histéricos dejaron una huella imborrable en Freud, quien posteriormente incorporó la hipnosis a su práctica clínica. Sus experiencias con la hipnosis le llevaron a comprender que los procesos mentales podían existir más allá de la conciencia, sentando las bases para su posterior conceptualización del inconsciente. A medida que Freud profundizaba en la exploración de la psique humana, reconoció las limitaciones de la hipnosis como herramienta terapéutica. Observó casos en los que los pacientes mostraban resistencia al estado hipnótico o no recordaban recuerdos significativos tras salir de la hipnosis, lo que lo impulsó a buscar métodos alternativos para desentrañar pensamientos y emociones reprimidos. A pesar de su gradual alejamiento del uso de la hipnosis en su trabajo terapéutico, el contacto de Freud con la hipnosis resultó crucial para moldear su comprensión de las complejidades del inconsciente y contribuyó a la evolución de sus técnicas psicoanalíticas. Además, sus encuentros con la hipnosis influyeron en el desarrollo de la asociación libre, un elemento fundamental del psicoanálisis que permitía a los pacientes explorar y expresar sus pensamientos y sentimientos inconscientes sin las restricciones de la censura consciente. El abandono de Freud de la hipnosis marcó un punto de inflexión en la trayectoria del psicoanálisis, que culminó con el perfeccionamiento de su innovador enfoque terapéutico, que enfatizaba el descubrimiento de los conflictos y deseos inconscientes a través del diálogo, en lugar de los estados de trance.

La transición de la teoría al movimiento psicoanalítico

A medida que las teorías de Sigmund Freud ganaban reconocimiento y aceptación en el campo de la psicología, se produjo un cambio notable con el surgimiento del movimiento psicoanalítico. Esta transición marcó la evolución de los conceptos freudianos, desde meras postulaciones teóricas hasta aplicaciones prácticas en forma de psicoanálisis. El desarrollo de este movimiento fue impulsado por varios factores cruciales que transformaron el panorama de la comprensión y el tratamiento psicológico. Uno de los catalizadores clave de esta transición fue la creciente influencia de los estudios de caso de Freud, que aportaron pruebas tangibles de la eficacia de las prácticas psicoanalíticas. Estos análisis exhaustivos de pacientes individuales no solo validaron las teorías de Freud, sino que también contribuyeron al establecimiento del psicoanálisis como una forma creíble de terapia. Además, la colaboración entre Freud y sus contemporáneos, incluyendo a Carl Jung, consolidó aún más las bases del movimiento psicoanalítico. Su intercambio de ideas, debates y su posterior separación de caminos condujeron a la diversificación del pensamiento psicoanalítico y a la formación de distintas escuelas de psicoanálisis. El apoyo y la aprobación de la obra de Freud por parte de figuras prominentes de las comunidades médica y académica también desempeñaron un papel crucial en la transición hacia un movimiento psicoanalítico plenamente desarrollado. Además, la difusión de las ideas freudianas a través de publicaciones, conferencias y práctica clínica impulsó la expansión global del psicoanálisis. Esta difusión no solo atrajo a aspirantes a psicoanalistas, sino que también captó la atención de quienes buscaban intervención terapéutica. La institucionalización de programas y sociedades de formación psicoanalítica consolidó el estatus del movimiento e impartió un marco estructurado para la formación y la profesionalización de los psicoanalistas. A medida que el movimiento cobraba impulso, su impacto trascendió los confines del ámbito académico y se expandió por la cultura popular, moldeando así las actitudes sociales hacia la salud mental y el comportamiento humano. La transición de la teoría al movimiento psicoanalítico constituye un testimonio de la perdurable influencia de la obra pionera de Freud y del poder transformador de sus ideas para revolucionar el campo de la psicología.

LA ESTRUCTURA DE LA MENTE

Introducción al Modelo Tripartito

Sigmund Freud introdujo una conceptualización innovadora de la psique humana: el modelo tripartito. Este modelo propone que la mente humana se divide en tres componentes distintos: el Ello, el Yo y el Superyó, cada uno con funciones y atributos únicos, que trabajan en conjunto para moldear el comportamiento y la personalidad del individuo. Los orígenes de este modelo se remontan a la obra de Freud, "La interpretación de los sueños", donde describió por primera vez los conceptos fundamentales que subyacen a la estructura de la psique. Según Freud, el modelo tripartito sirve como marco integral para comprender la compleja interacción entre los deseos inconscientes, la conciencia y el juicio moral. Al profundizar en la dinámica del modelo tripartito, podemos desentrañar los mecanismos subyacentes que rigen el comportamiento humano y esclarecer los sutiles matices de la psique humana y la función del Superyó como brújula moral interna. Comprender el modelo tripartito proporciona una base fundamental para comprender las capas más profundas de la motivación humana, la resolución de conflictos y las complejidades del desarrollo psicológico.

El Ello - La sede de los impulsos primitivos

1. Introducción al Ello:

El Ello es un concepto fundamental en la teoría psicoanalítica freudiana, que representa la parte más primaria de la psique humana. Opera completamente en el inconsciente y se rige por el principio del placer, buscando la gratificación inmediata de las necesidades instintivas sin la influencia de la realidad externa ni las restricciones morales. El concepto del Ello es crucial para comprender el comportamiento humano, ya que abarca nuestros impulsos y deseos innatos. Según Freud, el Ello está presente desde el nacimiento y sigue siendo la fuente principal de energía psíquica a lo largo de la vida del individuo. Desde una perspectiva evolutiva, el Ello puede considerarse un depósito de instintos biológicos y fisiológicos heredados que han sido vitales para la supervivencia y la reproducción humanas. Estos incluyen impulsos básicos como el hambre, la sed y los impulsos sexuales, así como los instintos agresivos y de autoconservación. Comprender la importancia del Ello implica profundizar en su papel como fuerza impulsora de gran parte del comportamiento humano, influyendo en pensamientos, emociones y acciones de maneras que a menudo escapan a la conciencia. La interacción entre el Ello, el Yo y el Superyó sienta las bases de la dinámica de la mente humana, moldeando la personalidad y determinando las respuestas a los estímulos internos y externos.

2. El origen y desarrollo del Ello:

Desde la infancia, el Ello representa el aspecto primario de la psique, donde residen los impulsos e instintos primitivos. Freud postuló que el Ello opera según el principio del placer, buscando la gratificación inmediata sin considerar la realidad externa ni las limitaciones morales. Esta noción subraya la vital importancia de comprender los orígenes del Ello.

Freud sugirió que el Ello se desarrolla en las primeras etapas de la vida, principalmente mediante la interacción entre los impulsos biológicos innatos y las influencias ambientales. Al nacer, el Ello del bebé es la fuerza psíquica dominante, respondiendo únicamente a sus necesidades instintivas sin ninguna regulación. Mediante la exposición al mundo externo y las interacciones con sus cuidadores, el Ello evoluciona gradualmente, aprendiendo a adaptarse a las exigencias de la realidad sin dejar de buscar la satisfacción.

El desarrollo del Ello comprende etapas significativas, marcadas por hitos y experiencias cruciales. Freud destacó el papel crucial de las experiencias de la primera infancia en la formación del Ello, proponiendo que los primeros años de vida sientan las bases de su estructura y funcionamiento. Este proceso de desarrollo abarca la integración de la información sensorial, las respuestas emocionales y las relaciones primarias, todo lo cual contribuye a la naturaleza evolutiva del Ello.

Los factores culturales, sociales y familiares influyen significativamente en la formación del Ello. Su desarrollo se produce dentro de una compleja interacción de predisposiciones genéticas, normas sociales y experiencias individuales, que configura su configuración única en cada persona. Comprender esta interacción proporciona información valiosa sobre las diversas expresiones del Ello en diferentes individuos y culturas.

Además, Freud enfatizó los orígenes evolutivos del Ello, rastreando su desarrollo hasta el pasado ancestral de la humanidad. Teorizó que los impulsos básicos del Ello, que abarcan el instinto de vida (Eros) y el instinto de muerte (Thanatos), están profundamente arraigados en la evolución de la especie, influyendo en el comportamiento y las motivaciones humanas a lo largo de la historia. Explorar estos fundamentos evolutivos arroja luz sobre los aspectos universales del desarrollo del Ello y su perdurable significado.

3. El Ello y los instintos humanos - Pulsiones de vida y muerte:

El concepto de instintos humanos, propuesto por el psicoanálisis freudiano, profundiza en las pulsiones fundamentales que rigen el comportamiento humano. En el núcleo de estos instintos se encuentran las pulsiones de vida y muerte, que influyen enormemente en el funcionamiento del Ello. La pulsión de vida, también conocida como Eros, representa el impulso innato de supervivencia, crecimiento y procreación. Abarca los deseos de nutrición, reproducción y bienestar general. En contraste, la pulsión de muerte, denominada Tánatos, encarna la inclinación innata hacia la agresión, la autodestrucción y el retorno a un estado inanimado. Según Freud, estas fuerzas primarias de vida y muerte interactúan constantemente dentro de la psique humana, moldeando las motivaciones y los comportamientos. Las pulsiones de vida y muerte operan a un nivel subconsciente, a menudo influyendo en los pensamientos y acciones sin una conciencia explícita. Comprender estos instintos primarios proporciona una comprensión crucial de la naturaleza humana y las complejidades de los fenómenos psicológicos. Además, profundizar en la interrelación entre estas fuerzas opuestas permite una comprensión integral de la influencia generalizada del Ello en el comportamiento humano. Esta interacción entre las pulsiones de vida y muerte constituye el tejido fundamental de los instintos humanos y moldea profundamente la dinámica del Ello, contribuyendo a las complejidades que subyacen a los procesos de pensamiento y las acciones humanas.

4. Principio del placer - La pulsión dominante del Ello:

El Principio del Placer es un concepto fundamental para comprender la naturaleza del Ello, representando su propensión innata a la búsqueda de gratificación y placer inmediatos. Enraizado en los instintos primarios de los seres humanos, este principio opera bajo la creencia de que los individuos se esfuerzan constantemente por satisfacer sus deseos y aliviar cualquier forma de incomodidad o tensión. Este impulso general constituye esencialmente la motivación central detrás de diversos comportamientos exhibidos por un individuo. Cuando una persona se adhiere al Principio del Placer, sus acciones se orientan principalmente a alcanzar la satisfacción y reducir cualquier forma de conflicto o angustia interna. Es crucial reconocer que esta inclinación no se limita a la gratificación física, sino que también abarca la realización psicológica y emocional. La búsqueda del placer, según Freud, es un factor motivador primario que sustenta gran parte del comportamiento humano. Ya sea que implique participar en actividades placenteras, buscar experiencias deseables o satisfacer impulsos innatos, el Principio del Placer permanece como una fuerza omnipresente en la psique del individuo. Sin embargo, es importante señalar que la búsqueda del placer a menudo se enfrenta a normas sociales, consideraciones morales y limitaciones prácticas. Por ello, pueden surgir conflictos entre las exigencias del Principio del Placer y las restricciones externas. Estos conflictos suelen requerir la intervención del Yo y el Superyó para encontrar un equilibrio entre la gratificación inmediata que busca el Ello y la realidad del mundo exterior. Además, el predominio del Principio del Placer puede conducir a comportamientos impulsivos e irracionales, con posibles consecuencias desfavorables. La psicología y la psiquiatría han explorado ampliamente las implicaciones del Principio del Placer en diversos trastornos de salud mental, conductas adictivas y tendencias autodestructivas.

5. El papel del inconsciente - El campo oculto del Ello:

En el marco del psicoanálisis freudiano, el inconsciente es donde el Ello opera con mayor prominencia, dando origen a los impulsos y deseos instintivos que impulsan las acciones humanas. Sirve como el campo oculto del que emanan estos impulsos primitivos, a menudo sin la consciencia del individuo. El Ello, al ser en gran parte inconsciente, opera basándose en el principio del placer, buscando la gratificación inmediata de las necesidades e impulsos instintivos.

La manifestación inconsciente del Ello va más allá de los simples instintos y deseos. También abarca pensamientos reprimidos, recuerdos y conflictos no resueltos que pueden influir en el comportamiento y las emociones de las personas. Estos elementos latentes, arraigados en el Ello, tienen el potencial de aflorar de formas inesperadas, lo que a menudo conduce a acciones irracionales o aparentemente inexplicables. Freud postuló que el Ello inconsciente podría compararse con un iceberg, con solo una fracción visible para el individuo, mientras que la mayor parte permanece sumergida, ejerciendo una influencia significativa.

El inconsciente, en concreto el Ello, desempeña un papel fundamental en la formación de los sueños. Según Freud, los sueños son el resultado de deseos y anhelos inconscientes que intentan aflorar a la consciencia. Esto subraya la importancia del campo oculto del Ello, no solo al influir en las conductas de vigilia, sino también al manifestarse durante el sueño.

6. Manifestaciones del Ello en la conducta cotidiana:

Las manifestaciones del Ello en el comportamiento cotidiano son omnipresentes e influyen profundamente en nuestras acciones, pensamientos y emociones. El Ello, según lo postula el psicoanálisis freudiano, representa el reservorio inconsciente de instintos e impulsos primitivos, impulsados principalmente por el principio del placer. Estos deseos innatos, a menudo en conflicto con las normas sociales y los estándares morales, pueden manifestarse de forma abierta o sutil en diversas conductas humanas. Un ámbito ejemplar donde la influencia del Ello es perceptible es el de las acciones impulsivas. Las personas impulsadas por sus impulsos pueden actuar impulsivamente para buscar la gratificación instantánea sin considerar las consecuencias a largo plazo, lo que demuestra una profunda manifestación del dominio del Ello. Además, las manifestaciones del Ello pueden materializarse en forma de miedos irracionales, ansiedades y fobias inexplicables, todas arraigadas en instintos primarios inconscientes que anulan el razonamiento racional. Además, las conductas agresivas, como la ira y la hostilidad, reflejan notablemente la expresión desenfrenada de la energía instintiva y cruda del Ello. A menudo, estas manifestaciones surgen inadvertidamente y se malinterpretan con frecuencia, lo que da lugar a dinámicas interpersonales complejas y conflictos internos. Además, la influencia del Ello se extiende al ámbito de las relaciones íntimas, donde los impulsos y deseos instintivos rigen las interacciones, eclipsando las consideraciones racionales y los límites éticos. Es esencial reconocer que las manifestaciones del Ello no son intrínsecamente negativas; también sustentan la creatividad, la innovación y la autoexpresión, sirviendo como fuente de iniciativas artísticas desinhibidas e imaginación sin restricciones. Apreciar las manifestaciones matizadas del Ello en el comportamiento cotidiano proporciona una valiosa perspectiva para comprender la interacción entre la mente consciente y la inconsciente, arrojando luz sobre la naturaleza multifacética de la acción y la motivación humanas.

7. Interacción con el Yo y el Superyó:

El Yo, que representa al yo consciente, se esfuerza por mediar en las demandas conflictivas del Ello impulsivo y el Superyó moralista, manteniendo así el equilibrio psicológico y el funcionamiento en el mundo externo. En esta interacción, el Yo busca satisfacer los impulsos instintivos del Ello de una manera aceptable para el Superyó y acorde con las realidades del mundo externo.

Un aspecto significativo de esta interacción son los mecanismos de defensa que emplea el Yo. Estos mecanismos actúan como medidas protectoras contra la ansiedad derivada de los conflictos entre el Ello y el Superyó. Por ejemplo, la represión permite al Yo relegar pensamientos o deseos inaceptables al inconsciente, protegiendo así la mente consciente de impulsos angustiosos o socialmente inaceptables.

La influencia del Superyó en el Yo se caracteriza por la internalización de estándares sociales y éticos. A medida que el individuo se desarrolla, el Superyó impone estos estándares y normas, a la vez que busca la perfección y la moralidad. En consecuencia, el Yo puede sentirse presionado a tomar decisiones y comportamientos de acuerdo con estos estándares internalizados, lo que a veces se manifiesta como culpa o autocrítica al desviarse de ellos.

El conflicto y la negociación entre el Yo y el Superyó contribuyen al desarrollo de la personalidad y los patrones de comportamiento del individuo. Comprender esta interacción dinámica proporciona una comprensión de las complejidades que subyacen a las acciones humanas y las discrepancias entre las intenciones conscientes y los comportamientos reales.

En el ámbito clínico, el análisis de las interacciones entre el Ello, el Yo y el Superyó reviste una gran relevancia terapéutica. Los psicoanalistas exploran la psique del paciente, centrándose en la identificación de conflictos, mecanismos de defensa e influencias sociales internalizadas, con el objetivo de fomentar una comprensión más profunda de los patrones de conducta desadaptativos y las dificultades personales.

8. La energía psíquica y la influencia del Ello:

Según Sigmund Freud, la energía psíquica alimenta todos los procesos mentales e impulsa el comportamiento humano. El Ello, al ser la reserva de impulsos primitivos innatos, es particularmente influyente en la canalización de esta energía psíquica. Freud conceptualizó la energía psíquica como un recurso finito que puede transformarse, transferirse y descargarse, afectando diversos fenómenos psicológicos. El Ello ejerce una profunda influencia en la distribución y el flujo de la energía psíquica dentro de la psique del individuo, a menudo en conflicto con el Yo y el Superyó.

Freud introdujo el concepto de catexis para describir la inversión de energía psíquica en representaciones u objetos mentales. El Ello participa activamente en este proceso, ya que busca constantemente la satisfacción de sus impulsos instintivos mediante la asignación y descarga de energía psíquica. Además, Freud propuso que la energía psíquica opera bajo los principios de constancia e inercia, buscando mantener el equilibrio mediante la descarga de la tensión acumulada. El Ello desempeña un papel fundamental en esta dinámica, ya que su búsqueda desenfrenada del placer puede provocar intensas fluctuaciones en los niveles de energía psíquica, lo que repercute en las experiencias y conductas psicológicas del individuo.

El modelo estructural de Freud postula que el Ello opera según el principio del placer, buscando incansablemente la gratificación inmediata e ignorando la realidad externa y sus consecuencias. Esta inquebrantable demanda de placer no solo rige su modus operandi, sino que también ejerce una influencia considerable en la economía psíquica general, moldeando los deseos, necesidades y motivaciones del individuo. En consecuencia, la búsqueda desenfrenada de satisfacción del Ello impulsa la dinámica de la energía psíquica, desencadenando conflictos y tensiones en la psique que repercuten en el Yo y el Superyó.

El Yo - Mediador de la realidad

1. Introducción al Yo:

El concepto freudiano del Yo representa el aspecto racional y realista de la psique humana. Como equilibrista, el Yo desempeña un papel crucial en la gestión de las demandas contradictorias del Ello instintivo y el Superyó moralista. Esta función fundamental permite a las personas navegar por las complejidades de los deseos internos y las realidades externas, contribuyendo a su funcionamiento adaptativo en el mundo.

Para comprender el contexto histórico y la evolución conceptual del Yo dentro del marco freudiano, es fundamental profundizar en los primeros desarrollos psicoanalíticos que moldearon este constructo fundamental. Freud inicialmente conceptualizó el Yo como parte del modelo tripartito que comprende el Ello, el Yo y el Superyó, lo que indica su importancia en la mediación de los procesos psíquicos. Con el tiempo, la evolución teórica del Yo condujo a una comprensión más profunda de sus intrincadas interacciones con otras estructuras psíquicas, arrojando luz sobre sus funciones adaptativas y mecanismos de afrontamiento.

Una exploración del papel estructural del Yo en la teoría freudiana proporciona una comprensión integral de su naturaleza dinámica y significado funcional. El Yo no solo actúa como intermediario, sino que también sirve como regulador de los impulsos instintivos, moldeando la conducta según el principio de realidad. Al examinar la interacción entre el Yo y otras entidades psíquicas, se obtiene una visión más clara de sus múltiples responsabilidades y estrategias adaptativas.

2. El papel estructural del Yo en la teoría freudiana:

Situado entre los instintos primarios del Ello y los imperativos morales del Superyó, el Yo actúa como un mediador crucial para navegar por las complejidades de las realidades internas y externas. En el marco conceptual de Freud, el Yo se describe como el ejecutor de la personalidad, responsable de integrar las entradas sensoriales, el razonamiento y los procesos de toma de decisiones. Opera según el principio de realidad, buscando equilibrar las demandas contradictorias del Ello, el Superyó y el entorno externo. Esta interacción dinámica obliga al yo a negociar entre la gratificación inmediata y las consecuencias a largo plazo, ejerciendo influencia tanto a nivel consciente como inconsciente.

Como parte fundamental de su función estructural, el ego regula la interacción del individuo con el mundo exterior, facilitando la adaptación y la autoconservación. Mediante mecanismos de defensa como la represión, la negación y la racionalización, el ego protege la mente consciente de la ansiedad abrumadora derivada de deseos conflictivos y normas sociales. Esta función defensiva permite al individuo mantener el equilibrio psíquico mientras afronta conflictos internos y factores de estrés externos.

La función estructural del ego abarca el establecimiento de un sentido coherente de identidad y continuidad a lo largo del tiempo. Al gestionar impulsos conflictivos y desafíos ambientales, el ego contribuye a la formación de un autoconcepto integrado. Mediante este proceso, el individuo adquiere la capacidad de percibirse como una entidad unificada, manteniendo una narrativa cohesiva a lo largo de diversas experiencias y etapas de desarrollo.

Además, el ego emplea recursos cognitivos y emocionales para gestionar interacciones sociales complejas y regular las relaciones interpersonales. Su capacidad para modular comportamientos, emociones y pensamientos permite a las personas adaptarse a las normas sociales, los estándares éticos y las expectativas culturales. Desde esta perspectiva, el ego funciona como un agente vital para moldear comportamientos adaptativos y fomentar la coexistencia armoniosa dentro de estructuras sociales más amplias.

El papel estructural del ego se extiende al fortalecimiento de la resiliencia y la autonomía ante la adversidad. Al emplear estrategias de resolución de problemas y aprovechar las experiencias pasadas, el ego empodera a las personas para afrontar desafíos, mitigar la angustia y perseguir metas significativas. Esta postura proactiva promueve el desarrollo psicológico y mejora la capacidad de afrontar las inevitables pruebas de la vida.

3. Funciones y mecanismos del Yo:

El ego actúa como el agente psíquico responsable de gestionar las demandas, a menudo contradictorias, del Ello, el Superyó y la realidad externa. Sus funciones y mecanismos son fundamentales para mantener el equilibrio psicológico y afrontar las complejidades de la existencia humana.

Una de las funciones principales del ego es participar en el proceso de confrontación con la realidad. Esto implica evaluar y adaptarse a las circunstancias externas, distinguir entre percepciones realistas y fantásticas, y alinear los deseos internos con las limitaciones del mundo exterior. Al emplear esta función, el ego permite a las personas tomar decisiones razonadas e interactuar eficazmente en sus entornos sociales y físicos.

Otro mecanismo clave empleado por el ego son los mecanismos de defensa. Estos sirven como estrategias protectoras que el ego utiliza para proteger al individuo de experimentar ansiedad o conflictos abrumadores. Ejemplos de estos mecanismos incluyen la represión, la negación, la proyección y la racionalización. Cada uno funciona distorsionando la realidad o redirigiendo los impulsos, lo que permite al individuo afrontar pensamientos o emociones angustiantes sin sentirse abrumado.

El ego participa en el funcionamiento ejecutivo, coordinando los procesos de pensamiento, la toma de decisiones y la resolución de problemas. Este aspecto del funcionamiento del ego es fundamental para dirigir los recursos cognitivos hacia la gestión de los desafíos y la consecución de objetivos. Ayuda a mediar entre los impulsos instintivos y las normas sociales, permitiendo a las personas equilibrar sus deseos personales con las expectativas sociales.

La capacidad del ego para regular la expresión emocional y modular las experiencias afectivas desempeña un papel fundamental en el funcionamiento adaptativo. Al modular las respuestas emocionales, el ego ayuda a las personas a mantener la compostura ante los factores estresantes y fomenta la comunicación y la interacción social efectivas. Además, facilita la negociación de conflictos entre los impulsos internos, las normas morales y las exigencias sociales, promoviendo una integración armoniosa del individuo en el tejido social más amplio.

En contextos clínicos, comprender las funciones y mecanismos del Yo, con sus matices, es esencial para evaluar el bienestar psicológico de una persona y formular intervenciones terapéuticas. Condiciones patológicas como el trastorno narcisista de la personalidad o el trastorno límite de la personalidad pueden caracterizarse por funciones y mecanismos del Yo desadaptativos, lo que conlleva un deterioro significativo de las relaciones interpersonales y del funcionamiento general. Analizar y abordar estos aspectos disfuncionales del Yo es fundamental para promover la rehabilitación psicosocial y facilitar estrategias de afrontamiento adaptativas mejoradas.

4. El principio de realidad:

El principio de realidad encapsula la función crucial del ego: mediar entre los impulsos internos y las realidades externas. A medida que las personas navegan por la compleja red de normas sociales, relaciones interpersonales y factores de estrés ambientales, el ego opera como una entidad pragmática que busca un equilibrio armonioso. Impulsa a las personas a considerar las limitaciones impuestas por el mundo externo y a adaptar sus comportamientos en consecuencia.

Fundamentalmente, el principio de realidad guía a las personas en la gestión del conflicto inherente entre sus deseos y las expectativas sociales. Desde esta perspectiva, el ego actúa como intermediario que filtra y evalúa los estímulos entrantes, determinando las respuestas adecuadas que satisfacen las demandas externas. Este proceso implica la toma de decisiones racional, sopesando la gratificación inmediata de los instintos frente a las consecuencias a largo plazo de las acciones en el contexto de la realidad.

El principio de realidad impulsa a los individuos a afrontar las complejidades de las interacciones sociales, lo que exige la supresión o modificación de los impulsos instintivos para mantener la armonía social. El ego, al operar bajo este principio, fomenta la adhesión a las normas culturales y éticas, regulando el comportamiento para alinearse con las normas sociales. En consecuencia, el ego contribuye al desarrollo de una conducta socialmente aceptable, fomentando la cooperación y la cohesión dentro de las comunidades.

En esencia, el principio de realidad enfatiza el rol del ego como realista, alejando a las personas de las acciones impulsivas, impulsadas por el Ello, y orientándolas hacia decisiones sensatas y basadas en la realidad. Fomenta el desarrollo de mecanismos de afrontamiento que permiten a las personas afrontar los desafíos que presentan las presiones externas, fomentando la adaptabilidad y la resiliencia ante la adversidad.

La adhesión del ego al principio de realidad contribuye a la formación de un individuo maduro y equilibrado, capaz de desenvolverse eficazmente en el mundo exterior. Al integrar las exigencias de la realidad en la toma de decisiones, las personas pueden interactuar constructivamente con su entorno, persiguiendo eficazmente sus metas y ambiciones, a la vez que reconocen y respetan los límites externos.

5. Fortalecimiento del ego - Respuestas adaptativas versus desadaptativas:

La fortaleza del Yo se refiere a la capacidad adaptativa del ego para gestionar y regular eficazmente los impulsos, deseos y ansiedades según las exigencias de la realidad. Además, abarca la capacidad de afrontar el estrés y los desafíos manteniendo el equilibrio psicológico. En esencia, la fortaleza del Yo define la distinción crucial entre las respuestas adaptativas que fomentan un funcionamiento saludable y las respuestas desadaptativas que conducen a la psicopatología.

La fortaleza adaptativa del ego se manifiesta en la capacidad de las personas para afrontar los estresores de la vida de forma constructiva y resiliente. Les permite afrontar la angustia situacional sin recurrir a mecanismos de defensa excesivos ni sucumbir a acciones impulsivas. Quienes poseen una fortaleza del ego robusta demuestran flexibilidad para adaptarse a circunstancias cambiantes, lo que les permite resolver problemas y tomar decisiones eficazmente. Además, muestran madurez emocional, resiliencia ante la adversidad y gestionan las relaciones interpersonales con empatía y comprensión.

Por el contrario, las personas con una fuerza del ego comprometida son más propensas a respuestas desadaptativas, lo que dificulta su capacidad de afrontamiento adaptativo. Estas respuestas pueden manifestarse como mecanismos de defensa rígidos, como la negación o la represión, lo que resulta en la acumulación de conflictos no resueltos y angustia emocional. Además, las personas con una fuerza del ego débil pueden mostrar impulsividad, lo que lleva a la toma de decisiones precipitada y a la falta de previsión. Esto puede generar dificultades para gestionar el estrés o regular las emociones, contribuyendo a patrones interpersonales disfuncionales y a un funcionamiento social deficiente.

Comprender la interacción sutil entre las respuestas adaptativas y desadaptativas del Yo es crucial en la práctica clínica. Los terapeutas deben evaluar la fortaleza del Yo de los pacientes para discernir su potencial de funcionamiento adaptativo y adaptar las intervenciones en consecuencia. Desarrollar estrategias para fortalecer la fortaleza del Yo puede facilitar la resiliencia de los pacientes para afrontar los desafíos de la vida y mitigar los patrones desadaptativos. Igualmente importante es reconocer el impacto de las experiencias tempranas y los factores del desarrollo en la formación de la fortaleza del Yo de un individuo, lo que ofrece perspectivas sobre el origen de las respuestas desadaptativas y orienta los enfoques terapéuticos.

6. Interacción con el Ello y el Superyó:

La interacción entre el Yo, el Ello y el Superyó sirve de base para comprender la dinámica del comportamiento humano. A menudo representados como tres entidades distintas, participan continuamente en una compleja lucha por el dominio y el control de la psique.

En el centro de esta interacción se encuentra el concepto de resolución de conflictos. El Ello, impulsado por instintos primarios y la búsqueda de placer, ejerce presión constante sobre el Yo para satisfacer sus deseos sin preocuparse por las consecuencias ni las implicaciones morales. Por el contrario, el Superyó, que representa las normas sociales y morales, impone sus propias exigencias, lo que a menudo genera sentimientos de culpa y ansiedad cuando entra en conflicto con los impulsos del Ello.

En medio de estas fuerzas contradictorias, el Yo asume el papel crucial de mediar y negociar un equilibrio entre las demandas contrapuestas del Ello y el Superyó. Busca navegar por el panorama interno, esforzándose por satisfacer los deseos del Ello, a la vez que se adhiere a los dictados morales del Superyó y considera la realidad del mundo externo.

En este proceso dinámico, los mecanismos de defensa del Yo desempeñan un papel fundamental en la mitigación de conflictos. Mediante estrategias como la represión, la racionalización o la sublimación, el Yo intenta aliviar la tensión derivada de los conflictos entre los impulsos instintivos del Ello y las normas morales del Superyó. Estos mecanismos de defensa protegen al individuo de experimentar ansiedad o culpa abrumadoras, permitiendo así mantener un cierto equilibrio psíquico.

La naturaleza de los conflictos mediados por el Yo evoluciona a lo largo de las diferentes etapas del desarrollo. En la infancia, las exigencias del Ello de gratificación instantánea pueden entrar en conflicto con las normas sociales emergentes impuestas por el Superyó, lo que da lugar a conflictos tempranos que moldean la personalidad en desarrollo. A medida que las personas avanzan en la adolescencia y llegan a la edad adulta, la dinámica de la resolución de conflictos continúa influyendo en su comportamiento, valores y procesos de toma de decisiones morales.

A través de la observación clínica, los psicoanalistas han profundizado en las diversas manifestaciones de los conflictos no resueltos entre el Ello y el Superyó, arrojando luz sobre afecciones como las neurosis, los trastornos de ansiedad y los trastornos de la personalidad. Comprender estos conflictos enriquece nuestra comprensión del comportamiento humano y ofrece vías para la intervención terapéutica, con el objetivo de facilitar resoluciones más saludables y estrategias de afrontamiento adaptativas.

7. Observaciones clínicas y patologías del Yo:

El Yo, mediador entre las exigencias del Ello, el Superyó y la realidad externa, es susceptible a diversas patologías que pueden afectar significativamente el bienestar psicológico y el funcionamiento diario del individuo. La observación clínica de las patologías del Yo proporciona una valiosa perspectiva del funcionamiento de la psique humana y orienta las intervenciones terapéuticas.

Una patología del ego prominente es el control excesivo del ego, caracterizado por una gestión inflexible y rígida de los conflictos internos y los factores de estrés externos. Las personas que presentan esta patología suelen tener dificultades de adaptación y pueden experimentar un malestar significativo al enfrentarse a desafíos o cambios inesperados en su entorno. Por el contrario, un control del ego deficiente, caracterizado por la impulsividad y la falta de autorregulación, puede conducir a conductas impulsivas y dificultades para gestionar eficazmente los impulsos y las emociones.

Observaciones clínicas adicionales revelan el impacto perjudicial del agotamiento del ego, especialmente en situaciones de alto estrés o períodos prolongados de adversidad. El agotamiento del ego se refiere a la disminución de la capacidad del ego para regular impulsos, tomar decisiones y mantener el autocontrol, lo que conlleva una mayor vulnerabilidad a estrategias de afrontamiento desadaptativas y una mayor reactividad emocional. Comprender estos patrones de patología del ego es crucial para orientar los enfoques terapéuticos destinados a mejorar la resiliencia del ego y el funcionamiento adaptativo.

Los exámenes clínicos suelen revelar manifestaciones de comportamientos y patrones de pensamiento egodistónicos, en los que las personas experimentan conflicto interno y malestar debido a la incongruencia con su autoidentidad percibida o sus valores morales. Estas manifestaciones egodistónicas pueden contribuir a un malestar y deterioro significativos en diversas áreas de la vida, lo que requiere intervenciones específicas para aliviar la disonancia interna y promover la alineación con el autoconcepto auténtico de la persona.

Al explorar las patologías del ego, los profesionales clínicos se encuentran con frecuencia con casos de inflación del ego, donde las personas exhiben un sentido exagerado de autoimportancia y derecho, a menudo acompañado de una indiferencia hacia las perspectivas y necesidades emocionales de los demás. Esta elevación desadaptativa del ego puede generar conflictos interpersonales y obstaculizar las conexiones sociales significativas, lo que justifica la exploración terapéutica y la recalibración de la autopercepción y la dinámica relacional.

Además, el panorama clínico destaca la prevalencia de las luchas del ego en un contexto de perfeccionismo y autocrítica compulsiva, lo que contribuye a un aumento de la ansiedad y los problemas de autoestima. Las personas que lidian con estas patologías del ego a menudo experimentan una presión autoimpuesta incesante y estándares poco realistas, lo que perpetúa un ciclo de angustia y agitación interna que requiere intervención compasiva y apoyo terapéutico.

Superyó - Moralidad y Conciencia

1. Introducción al desarrollo del Superyó:

El Superyó, a menudo denominado «guardián moral internalizado», desempeña un papel fundamental en la regulación de los pensamientos, las conductas y los juicios morales del individuo. Comprender la formación y el desarrollo del Superyó requiere explorar las perspectivas freudianas sobre la formación de la moralidad en el contexto del desarrollo humano.

El complejo de Edipo, una etapa psicosexual clave identificada por Freud, es fundamental en la formación del Superyó. Durante esta fase, los niños experimentan intensas emociones y conflictos relacionados con la dinámica familiar, en particular con sus padres. Mediante la resolución de estos conflictos, el niño internaliza los valores morales e ideales de sus cuidadores, lo que contribuye significativamente al desarrollo del Superyó.

Freud postula que el Superyó se establece como resultado de la identificación con las figuras parentales. Los niños emulan e internalizan las normas y conductas morales de sus cuidadores, sentando las bases para las consideraciones éticas y el juicio moral en etapas posteriores de la vida. Además, las influencias sociales y culturales moldean el desarrollo del Superyó, a medida que los individuos asimilan los valores y las normas de su entorno social más amplio.

La construcción del Superyó también implica la integración gradual de las expectativas y prohibiciones sociales. A medida que las personas se adaptan a las complejidades de las interacciones con las figuras de autoridad y las instituciones sociales, adoptan e internalizan las exigencias y restricciones sociales, imbuyendo gradualmente su superyó de las normas y códigos de conducta establecidos en su comunidad.

El desarrollo del Superyó está estrechamente vinculado a la internalización de las restricciones sociales y culturales, abarcando tanto reglas explícitas como códigos morales implícitos. A través de este proceso, el Superyó emerge como un constructo dinámico que incorpora elementos multifacéticos de moralidad, conciencia y expectativas sociales. La interacción entre las experiencias individuales, las dinámicas familiares y las influencias sociales configura el entramado del desarrollo del Superyó.

2. Perspectivas freudianas sobre la formación de la moral:

Según Sigmund Freud, el desarrollo moral está vinculado a la interacción entre el Ello, el Yo y el Superyó durante etapas cruciales del desarrollo. El Ello, impulsado por deseos innatos y primarios, presenta un impulso hacia la gratificación inmediata sin considerar las implicaciones éticas. Por el contrario, el Superyó representa la internalización de los valores sociales y parentales, sirviendo como depositario de las normas e ideales morales. Esta dualidad constituye la base del conflicto moral dentro de la psique.

La teoría psicoanalítica de Freud postula que la moralidad no es inherente al nacimiento, sino que evoluciona a través de una serie de etapas durante la infancia, influenciada por la dinámica de los complejos de Edipo y Electra. Estas primeras etapas implican la internalización gradual por parte del niño de las normas parentales y las expectativas sociales, lo que conduce a la formación del Superyó. En consecuencia, el Superyó emerge como una fuerza reguladora que ejerce presión sobre el Yo para que se adhiera a los dictados morales, a menudo en conflicto con los deseos desenfrenados del Ello.

Freud enfatizó el papel de los procesos inconscientes en la formación de las inclinaciones morales. Sostuvo que las personas a menudo desconocen las fuerzas psicológicas subyacentes que influyen en sus juicios y comportamientos morales. Por lo tanto, la brújula moral, tal como la conceptualizó Freud, se extiende más allá de la conciencia y reside en las profundidades del inconsciente.

El psicoanálisis freudiano también propone que el desarrollo moral se ve influenciado por conflictos psicosociales no resueltos, en particular los derivados de experiencias infantiles. Las interacciones traumáticas o conflictivas con figuras de autoridad, como padres o cuidadores, pueden tener un profundo impacto en la formación de la conciencia moral y la toma de decisiones éticas. Estas experiencias contribuyen a la internalización de valores morales y, posteriormente, influyen en la brújula moral del individuo, guiando sus decisiones y acciones futuras.

Las perspectivas freudianas sobre la formación de la moralidad subrayan la importancia de la represión y la sublimación en la remodelación de los instintos morales. Los impulsos y deseos reprimidos, al enfrentarse a las restricciones sociales, se canalizan hacia salidas socialmente aceptables mediante el proceso de sublimación. Esta redirección de los impulsos primarios hacia actividades constructivas y socialmente sancionadas contribuye a la maduración moral del individuo y a su integración en el marco social.

3. Componentes del Superyó - Conciencia y Yo Ideal:

El Superyó representa la internalización de las normas sociales y parentales, así como de los valores e ideales morales. Consta de dos componentes clave: la conciencia y el Yo ideal. La conciencia actúa como una voz interna crítica que guía la toma de decisiones morales del individuo, reflejando las normas y prohibiciones inculcadas durante el proceso de socialización. Sirve como fuente de sentimientos de culpa y vergüenza cuando se violan estas directrices éticas internalizadas. En contraste, el Yo ideal encarna las cualidades y virtudes aspiracionales que un individuo se esfuerza por encarnar, a menudo influenciado por figuras admiradas o arquetipos culturales. Este componente perpetúa la búsqueda de la perfección moral e impulsa a los individuos hacia un comportamiento moral y ético. Comprender la interacción entre estos componentes es crucial para comprender la dinámica del Superyó. La conciencia impone restricciones a nuestras acciones, recordándonos obligaciones y restricciones, mientras que el Yo ideal nos incita continuamente a alcanzar estándares morales más elevados. Sin embargo, esta interconexión dinámica puede generar conflicto interno y tensión existencial cuando el comportamiento de un individuo se desvía de su autoimagen idealizada, lo que genera angustia y autocrítica. Además, las discrepancias entre el Yo real y el Yo ideal pueden provocar sentimientos de incompetencia o indignidad, fomentando una lucha constante por la rectitud moral. En consecuencia, una comprensión integral del funcionamiento interrelacionado de la conciencia y el Yo ideal ofrece perspectivas invaluables sobre las complejidades del razonamiento moral y la conducta ética.

4. El papel de la cultura y la sociedad en la formación del Superyó:

El entorno cultural en el que se cría una persona imparte un conjunto de normas, costumbres y tradiciones que influyen significativamente en la formación de su superyó. Este proceso de socialización comienza temprano en la vida y continúa moldeando la conciencia y el Yo ideal del individuo a lo largo de su desarrollo.

Los aspectos clave de la cultura y la sociedad incluyen las enseñanzas religiosas, las expectativas sociales, la dinámica familiar y los sistemas educativos. La religión, por ejemplo, suele delinear directrices morales, enfatizando las nociones de pecado, virtud y responsabilidad ante un poder superior. Estas doctrinas pueden internalizarse en el Superyó, guiando la toma de decisiones morales y los comportamientos éticos.

La sociedad impone sus propios estándares morales y códigos de conducta, que reflejan los valores y actitudes sociales predominantes. Estas normas establecen un marco dentro del cual las personas desarrollan su brújula moral, en relación con cuestiones como la honestidad, la justicia, la compasión y la reciprocidad. Además, las estructuras y dinámicas familiares proporcionan una base fundamental para el desarrollo moral, ya que las figuras parentales son los principales agentes que transmiten valores morales y expectativas de comportamiento a sus hijos.

El sistema educativo también contribuye significativamente a la formación del Superyó al impartir conocimiento de las normas sociales, los principios éticos y las responsabilidades interpersonales. Más allá de la instrucción académica, las escuelas e instituciones sirven como entornos donde los niños aprenden a desenvolverse en las interacciones sociales, resolver conflictos y defender la ética comunitaria. Así, la influencia colectiva de los factores culturales, sociales y educativos moldea el Superyó al inculcar un sentido del bien y del mal, fomentar la empatía y promover actitudes prosociales.

El mundo interconectado en constante expansión presenta una plétora de experiencias culturales diversas, lo que lleva a la incorporación de influencias multiculturales en el Superyó individual. La exposición a diferentes sistemas de creencias, marcos de valores y paradigmas éticos enriquece y diversifica el panorama moral, contribuyendo a un superyó más integral e inclusivo.

5. Impacto de la influencia parental en los juicios morales:

El entorno familiar, en particular las figuras parentales, influye significativamente en la formación del Superyó, el componente de la psique responsable de internalizar las normas sociales y los estándares morales. Según Freud, los niños modelan su superyó a partir de su progenitor del mismo sexo mediante un proceso conocido como identificación, en el que adoptan las actitudes, valores y comportamientos de la figura parental.

Las actitudes parentales hacia la disciplina, la conducta ética y la toma de decisiones morales suelen servir como modelos que los niños integran posteriormente en su propia brújula moral. El refuerzo positivo y los patrones de comunicación eficaces dentro de la relación parental pueden fomentar un superyó sano y robusto en el niño. Por el contrario, los estilos de crianza inconsistentes o excesivamente severos pueden llevar a la internalización de valores morales conflictivos o distorsionados en el Superyó en desarrollo.

La presencia (o ausencia) de figuras de autoridad en el contexto familiar puede influir profundamente en el desarrollo del Superyó. La falta de orientación parental o una ruptura en la relación padre-hijo pueden obstaculizar la formación de una base moral sólida, lo que podría derivar en conflictos no resueltos en la psique. Dichas rupturas podrían provocar el subdesarrollo o la desalineación del Superyó, lo que en última instancia afecta la capacidad del individuo para el razonamiento moral y la toma de decisiones éticas.

Es fundamental reconocer que el proceso de influencia parental en los juicios morales es complejo y multifacético. Si bien el modelado parental directo desempeña un papel importante, las influencias indirectas, como los factores culturales y socioeconómicos, también contribuyen a la formación del Superyó individual y a los juicios morales subsiguientes. Comprender estas intrincadas dinámicas es esencial para comprender las complejidades del desarrollo moral y la interacción entre las influencias externas y los códigos morales internalizados.

6. La interacción del Superyó con el Ello y el Yo:

El Superyó actúa como contrapeso a los impulsos instintivos del Ello y a las consideraciones realistas del Yo. Representa la internalización de las normas y valores sociales y parentales, y sirve como depósito de los estándares e ideales morales. Esta dinámica desempeña un papel fundamental en la configuración del comportamiento y el funcionamiento psicológico del individuo.

En esencia, el Superyó evalúa y juzga constantemente los pensamientos, sentimientos y acciones generados por el Ello, comparándolos con las expectativas sociales y los códigos morales internalizados. En esencia, actúa como un guardián siempre vigilante, sancionando o prohibiendo ciertos impulsos según los estándares morales imperantes. Este proceso genera un conflicto interno en la psique, donde el Ello busca la gratificación inmediata de sus deseos, el Superyó impone restricciones morales y el Yo intenta reconciliar estas fuerzas opuestas de una manera socialmente aceptable.

La interacción entre el Superyó, el Ello y el Yo contribuye significativamente al concepto de culpa. Cuando las pulsiones del Ello entran en conflicto con los mandatos morales establecidos por el Superyó, surgen sentimientos de culpa, lo que indica una violación de las normas morales internalizadas. Esta compleja interrelación a menudo resulta en la manifestación de conductas neuróticas a medida que los individuos luchan por resolver estas demandas conflictivas dentro de su aparato psíquico.

La influencia del Superyó va más allá de la simple prohibición o autorización de impulsos. Presiona al ego para que se adhiera a principios morales y conductas éticas idealizadas, lo que a menudo genera sentimientos de incompetencia y autocensura cuando no se alcanzan estos elevados estándares. De esta manera, el Superyó no solo regula la conducta, sino que también moldea la autoestima y la identidad ética del individuo.

7. Patologías del Superyó y culpa neurótica:

El funcionamiento desadaptativo del Superyó puede dar lugar a diversas patologías psicológicas, a menudo acompañadas de experiencias de culpa neurótica. Cuando los estándares morales internalizados se vuelven excesivamente severos o irrealistas, el individuo puede presentar síntomas de ansiedad, conductas autopunitivas o una sensación generalizada de vergüenza. Estas manifestaciones provienen de un superyó excesivamente crítico que juzga las acciones del ego con una severidad implacable.

Las personas que lidian con patologías del Superyó pueden encontrarse en un conflicto constante entre sus aspiraciones de excelencia moral y las imperfecciones inherentes a la naturaleza humana. Esta lucha a menudo genera sentimientos de incompetencia e indignidad, lo que contribuye a un profundo sentimiento de culpa desproporcionado a las transgresiones cometidas. La culpa neurótica resultante puede ser paralizante, obstaculizando el crecimiento personal y el funcionamiento adaptativo.

La presencia de culpa neurótica puede obstaculizar los procesos de introspección y desarrollo moral. En lugar de fomentar una auténtica reflexión introspectiva, la culpa excesiva tiende a generar una postura defensiva, impidiendo que la persona afronte los conflictos subyacentes e inhibiendo su resolución constructiva. En consecuencia, esto perpetúa un ciclo de autorrecriminación y angustia emocional.

Desde una perspectiva clínica, la identificación y el tratamiento de las patologías relacionadas con el Superyó y la culpa neurótica asociada constituyen consideraciones esenciales en la práctica psicoterapéutica. Los terapeutas deben actuar con delicadeza para facilitar el reconocimiento y la evaluación racional de los juicios morales distorsionados, ofreciendo un espacio compasivo para que los pacientes exploren los orígenes de su autoculpa excesiva. Al fomentar la autocompasión y desafiar los imperativos morales irracionales, las intervenciones terapéuticas buscan aliviar la carga de la culpa neurótica y fomentar un funcionamiento más equilibrado del Superyó.

Las reflexiones teóricas sobre la interacción entre las patologías del Superyó y la culpa neurótica tienen implicaciones significativas para una comprensión más amplia de la moralidad humana y el bienestar psicológico. Explorar las complejidades de estos fenómenos arroja luz sobre la dinámica que rige la toma de decisiones éticas, la integridad moral y el delicado equilibrio entre los estándares internalizados y la autoevaluación realista.

8. Observaciones clínicas y reflexiones teóricas:

Mediante un análisis minucioso de estudios de caso y evidencia empírica, los clínicos han observado la interacción entre el Superyó, el Ello y el Yo, arrojando luz sobre las raíces de los marcos éticos individuales. Las observaciones clínicas revelan que las personas con un superyó autoritario o severo a menudo experimentan niveles elevados de culpa y autocrítica, lo que conduce a angustia psicológica y conductas desadaptativas. Estas manifestaciones de patologías del Superyó subrayan el profundo impacto de los conflictos morales en el bienestar mental y las relaciones interpersonales. Además, estas perspectivas clínicas impulsan una reevaluación de las conceptualizaciones iniciales de Freud, impulsando una comprensión más matizada del Superyó y sus implicaciones para la salud mental.

Desde un punto de vista teórico, la influencia del Superyó trasciende la psicología personal y abarca dimensiones sociales y culturales. Las reflexiones teóricas profundizan en la interacción dinámica entre el Superyó individual y las influencias externas, como la educación familiar, las enseñanzas religiosas y las normas sociales. Por lo tanto, la evolución del desarrollo moral se convierte en un fenómeno multifacético, moldeado por factores internos y externos que convergen en la formación de la brújula moral del individuo.

Las reflexiones teóricas también dilucidan los aspectos adaptativos y desadaptativos del Superyó, ofreciendo valiosas perspectivas sobre el potencial de las intervenciones terapéuticas. Comprender el papel del Superyó en el fomento de la resiliencia y el crecimiento moral proporciona a los profesionales de la salud mental un marco más integral para apoyar a sus pacientes en la resolución de dilemas éticos y la resolución de conflictos morales internos.

9. Evolución de las opiniones sobre el desarrollo moral:

Con el tiempo, las perspectivas predominantes sobre el desarrollo moral han evolucionado, reflejando cambios en los valores sociales, avances en la investigación empírica y reevaluaciones de los marcos éticos tradicionales. El análisis del desarrollo moral ha trascendido las meras normas prescriptivas para abarcar una comprensión más profunda de los procesos psicológicos que sustentan la toma de decisiones éticas.

La evolución de las perspectivas sobre el desarrollo moral se remonta a los trabajos pioneros de teóricos como Lawrence Kohlberg y Carol Gilligan, quienes contribuyeron significativamente a nuestra comprensión de las etapas del razonamiento moral y el papel de la empatía en la toma de decisiones morales. El modelo de seis etapas del desarrollo moral de Kohlberg, que abarca desde los niveles preconvencionales hasta los posconvencionales, generó un amplio debate y fomentó la investigación posterior sobre la universalidad de las etapas morales en diversas culturas y sociedades.

A medida que las investigaciones académicas profundizaron en las complejidades del desarrollo moral, la noción de pluralismo moral cobró relevancia, reconociendo la coexistencia de múltiples narrativas morales y sistemas de valores dentro de una sociedad pluralista. Este reconocimiento ha generado discursos sobre el relativismo cultural, la diversidad moral y el impacto de la interseccionalidad en el razonamiento moral. Además, las perspectivas contemporáneas sobre el desarrollo moral enfatizan la intersección de la cognición moral con la inteligencia emocional, los procesos neurobiológicos y el aprendizaje social.

Paralelamente, la introducción de la ética de la virtud y la ética relacional ha ampliado el panorama del desarrollo moral al promover el cultivo del carácter, las virtudes y la importancia de las relaciones interpersonales en la formación de la agencia moral. Estas expansiones conceptuales han impulsado reconfiguraciones en los enfoques terapéuticos, los currículos educativos y las prácticas comunitarias destinadas a formar individuos moralmente responsables dentro de comunidades interconectadas.

Los recientes avances en las tecnologías digitales y la globalización han impulsado el debate sobre las consideraciones éticas asociadas con las identidades virtuales, las interacciones en línea y las implicaciones éticas de la inteligencia artificial. Este floreciente campo nos impulsa a repensar los modelos tradicionales de desarrollo moral y a contemplar nuevas dimensiones de la moralidad en el contexto de las estructuras sociales en rápida evolución.

Interacciones y conflictos entre estructuras psíquicas

1. Introducción a las interacciones psíquicas:

El inconsciente, según Freud, es el ámbito donde residen los conflictos no resueltos, los recuerdos reprimidos y los instintos primarios, ejerciendo una profunda influencia en las experiencias conscientes. Al esclarecer el inconsciente, se obtienen valiosas perspectivas sobre las motivaciones subyacentes que impulsan las acciones humanas, a menudo más allá de la consciencia. Esta comprensión es fundamental para comprender el profundo impacto de las interacciones psíquicas en el funcionamiento psicológico, la toma de decisiones y el bienestar general del individuo. Además, profundizar en el inconsciente permite una comprensión más profunda de la compleja interacción entre el Ello y el Yo, dilucidando las dinámicas que intervienen en la navegación entre los impulsos instintivos y las realidades externas.

La teoría de Freud destaca que el Ello, impulsado por el principio del placer, busca incesantemente la gratificación inmediata de sus deseos primarios sin considerar las normas ni las consecuencias sociales. Por otro lado, el Yo actúa como mediador realista, buscando equilibrar las exigencias del Ello con las limitaciones impuestas por la realidad. Así, la interacción dinámica entre estas estructuras psíquicas no solo configura el panorama psicológico interno del individuo, sino que también influye en sus expresiones externas y relaciones interpersonales. Estas interacciones están plagadas de tensiones, contradicciones y compromisos a medida que el Yo negocia entre las insaciables demandas del Ello y los desafíos del mundo externo. Desentrañar esta red de interacciones psíquicas revela los fundamentos de los pensamientos, las emociones y los comportamientos humanos, brindando profundas perspectivas para la exploración psicoanalítica y las intervenciones terapéuticas.

Una comprensión profunda de las interacciones psíquicas es fundamental para descifrar la complejidad de los mecanismos de defensa que emplea el ego para gestionar los conflictos intrapsíquicos. Comprender cómo las personas se protegen de los pensamientos y emociones que les provocan ansiedad proporciona una perspectiva matizada para comprender sus estrategias de afrontamiento, patrones desadaptativos y vulnerabilidades. Al profundizar en la interacción entre los procesos inconscientes y las conductas manifiestas, los profesionales de la salud mental pueden adaptar mejor las intervenciones para aliviar la angustia, mejorar la autoconciencia y fomentar mecanismos de afrontamiento adaptativos.

2. Ello y el Yo - Impulso y realidad:

La interacción entre el Ello y el ego encapsula la dinámica que sustenta el comportamiento humano. Arraigado en los instintos primarios, el Ello representa el depósito de impulsos innatos y descontrolados, a menudo impulsados por la búsqueda del placer y la gratificación inmediata. En contraste, el ego actúa como mediador pragmático entre las exigencias impulsivas del Ello y la realidad externa, esforzándose por conciliar los deseos instintivos con las normas y restricciones sociales.

En esta dinámica es central el concepto del principio del placer, que rige la búsqueda incesante de satisfacción y la evitación del malestar por parte del Ello. Simultáneamente, el Yo se adhiere al principio de realidad, reconociendo las limitaciones impuestas por el entorno externo y buscando medios viables y socialmente aceptables para satisfacer sus deseos innatos.

Freud postuló que los conflictos surgen cuando el Yo confronta las demandas divergentes del Ello y del mundo externo, lo que genera tensiones internas y disonancia psicológica. Este proceso de negociación, facilitado por los mecanismos de defensa del Yo, finalmente configura la personalidad, el comportamiento y la toma de decisiones del individuo.

La naturaleza impulsiva del Ello a menudo se vuelca en la satisfacción de deseos sin importar las consecuencias ni las consideraciones éticas, lo que supone un desafío constante para las funciones reguladoras del Yo. Por ello, el Yo se esfuerza por sortear complejos dilemas morales, éticos y prácticos, actuando como árbitro entre los deseos impulsivos del Ello y las limitaciones externas de la sociedad.

Para comprender mejor el delicado equilibrio entre el Ello y el Yo, es fundamental explorar aplicaciones prácticas y estudios de caso psicodinámicos que ilustren la manifestación de estos constructos en diversos contextos. Al profundizar en escenarios prácticos y observaciones empíricas, se obtienen valiosos conocimientos sobre las interacciones matizadas y los mecanismos adaptativos que emplea el Yo para gestionar demandas conflictivas, preservando al mismo tiempo el equilibrio psicológico del individuo.

3. La influencia del Superyó en la toma de decisiones:

Como componente de la psique, el Superyó representa la internalización de las normas sociales y parentales, sirviendo como depositario de las directrices e ideales éticos. Su influencia se extiende a diversas facetas del comportamiento y la cognición humanos, con profundas implicaciones para las relaciones interpersonales, los dilemas éticos y los conflictos intrapersonales. En la interacción entre el Ello, el Yo y el Superyó, este último emerge como un árbitro crítico, ejerciendo su influencia a través de mecanismos como la culpa, la vergüenza y el orgullo.

Como regulador interno, el Superyó examina y evalúa los pensamientos, acciones e intenciones de cada persona en función de las normas sociales establecidas y los valores personales. Genera un sentido de responsabilidad moral y guía a las personas hacia la toma de decisiones alineadas con los principios éticos y las expectativas sociales. Esta función reguladora a menudo se manifiesta como una voz interior que ofrece comentarios evaluativos sobre las conductas y motivaciones, inculcando así una conciencia del bien y del mal. En consecuencia, el Superyó moldea la brújula moral del individuo, fomentando un sentido de responsabilidad e integridad para afrontar las complejidades de la vida cotidiana.

El impacto del Superyó trasciende el ámbito de la conducta personal, permeando los ámbitos de la ética profesional, el liderazgo y la gobernanza. En entornos organizacionales, las personas a menudo se enfrentan a dilemas éticos que exigen un discernimiento meticuloso y un juicio basado en principios. El Superyó, al manifestarse como depositario de las costumbres sociales y culturales, guía a las personas en la defensa de la rectitud moral y la toma de decisiones consciente, contribuyendo así al cultivo de un clima organizacional ético.

Explorar la influencia del Superyó también revela su participación en la formación y perpetuación de las normas sociales. Al internalizar y reforzar las prescripciones sociales, el Superyó contribuye a la perpetuación de las tradiciones culturales, los códigos éticos y los valores comunitarios. Este proceso de internalización subraya el vínculo entre el individuo y el colectivo, donde el Superyó sirve como conducto para la transmisión y el mantenimiento del ethos cultural a lo largo de las generaciones.

En conclusión, la influencia omnipresente del Superyó en los procesos de toma de decisiones es inconfundible, impactando profundamente las consideraciones éticas, los juicios morales y la adhesión social. Su presencia reguladora subraya la interacción de las fuerzas psíquicas en la configuración del comportamiento humano y subraya la importancia de la autoevaluación introspectiva y la reflexión moral. Reconocer el papel multifacético del Superyó dilucida la dinámica matizada de la toma de decisiones en diversos contextos, lo que obliga a una comprensión más profunda de la interacción entre la autonomía individual y la integración sociocultural.

4. Mecanismos de defensa en la resolución de conflictos:

En el campo de la teoría psicoanalítica, los mecanismos de defensa desempeñan un papel fundamental en la gestión de conflictos intrapsíquicos y la promoción del funcionamiento adaptativo. Estas estrategias de afrontamiento, tal como las conceptualizó Freud, se despliegan inconscientemente para proteger al individuo de la ansiedad y preservar el equilibrio psicológico. Comprender la interacción entre los mecanismos de defensa y la resolución de conflictos es fundamental para comprender el comportamiento humano y la salud mental. Esta sección profundiza en la exploración de los mecanismos de defensa más destacados y su aplicación para la resolución de tensiones psíquicas.

Uno de los mecanismos de defensa fundamentales es la represión, que consiste en suprimir de la conciencia los pensamientos, emociones o recuerdos angustiosos. Al relegar estos conflictos internos al inconsciente, las personas pueden aliviar temporalmente la ansiedad asociada con impulsos o deseos conflictivos. Sin embargo, el contenido reprimido no resuelto puede resurgir de diversas formas, afectando el comportamiento y el bienestar emocional. De igual manera, la negación funciona como estrategia defensiva al negar la existencia de realidades desagradables, protegiendo al ego de la información angustiosa.

Otro mecanismo de defensa comúnmente observado es la racionalización, en la que las personas justifican sus acciones o decisiones con explicaciones aparentemente razonables, a pesar de motivos inconscientes arraigados en la ansiedad o la incompetencia. Al construir narrativas lógicas, las personas mitigan la disonancia cognitiva y preservan una autoimagen positiva. Además, el desplazamiento permite redirigir impulsos inaceptables hacia objetivos más seguros o menos amenazantes. Por ejemplo, una persona que experimenta ira hacia figuras de autoridad puede desplazar inconscientemente estos sentimientos hacia un chivo expiatorio no amenazante, aliviando así la incomodidad inmediata asociada con la fuente original del conflicto.

Además, el concepto de proyección implica atribuir los propios pensamientos, sentimientos o cualidades indeseables a otros, externalizando los conflictos internos y mitigando la responsabilidad personal. Este mecanismo sirve para mantener la autoestima y reducir la ansiedad al externalizar los defectos percibidos en los demás. Asimismo, la formación reactiva implica expresar actitudes y comportamientos diametralmente opuestos a los verdaderos sentimientos. Este mecanismo de defensa paradójico opera ocultando impulsos genuinos mediante manifestaciones exageradas de emociones o creencias contrarias.

5. El papel de la ansiedad en los conflictos psíquicos:

La ansiedad es un tema central en el campo de los conflictos psíquicos, ejerciendo una profunda influencia en el funcionamiento de la psique humana. Como postuló Freud, la ansiedad es parte integral de la interacción entre diversas estructuras psíquicas y desempeña un papel fundamental en la manifestación de los conflictos intrapsíquicos. Esta sección pretende explorar exhaustivamente la naturaleza multifacética de la ansiedad en el contexto de los conflictos psíquicos.

En esencia, la ansiedad surge como una respuesta fundamental a las amenazas internas y externas, encapsulando las aprensiones inconscientes del individuo respecto a las demandas contradictorias del Ello, el Yo y el Superyó. Los deseos desenfrenados del Ello, la necesidad del Yo de tomar decisiones racionales y la imposición de normas morales por parte del Superyó suelen generar impulsos contradictorios, dando lugar así a una inevitable tensión psicológica. Esta tensión conduce al surgimiento de la ansiedad, que representa la lucha del individuo por reconciliar estas fuerzas dispares dentro del aparato psíquico.

La ansiedad adopta diversas formas, reflejando la dinámica de los conflictos psíquicos. Desde la inquietud generalizada asociada a los conflictos edípicos no resueltos hasta los efectos devastadores de la ansiedad por el rendimiento, arraigada en el miedo al fracaso, la ansiedad permea cada faceta de la experiencia humana. Es fundamental comprender que, si bien cierto grado de ansiedad es inherente a la condición humana, la ansiedad excesiva o persistente puede perturbar el delicado equilibrio psíquico, desencadenando conductas desadaptativas y angustia psicológica.

La ansiedad actúa como un catalizador esencial de los mecanismos de defensa, ofreciendo una perspectiva sobre cómo las personas se esfuerzan por afrontar y mitigar los conflictos psíquicos. Los mecanismos de defensa, que abarcan desde la represión hasta el desplazamiento, emergen como estrategias adaptativas empleadas por el ego para proteger al individuo de una ansiedad abrumadora. A través de una comprensión matizada del papel de la ansiedad en la configuración de la selección y el funcionamiento de los mecanismos de defensa, comienza a cristalizarse un complejo panorama de la resolución de conflictos psíquicos.

6. Teorías psicodinámicas - Perspectivas históricas:

El desarrollo de las teorías psicodinámicas representa un hito significativo en la evolución del psicoanálisis y del campo más amplio de la psicología. Tras las contribuciones pioneras de Freud, numerosos teóricos y psicólogos han ampliado su marco inicial. Figuras clave como Carl Jung, Alfred Adler y Melanie Klein influyeron significativamente en el desarrollo de las teorías psicodinámicas con sus respectivas interpretaciones de la psique humana. Estos visionarios aportaron conceptos innovadores como los arquetipos, la psicología individual y las relaciones objetales, contribuyendo a la naturaleza multifacética del pensamiento psicodinámico. Además, el surgimiento de la psicología del Yo, impulsada por psicólogos destacados como Anna Freud y Heinz Hartmann, dilucidó la interacción entre los procesos mentales conscientes e inconscientes, ampliando así la profundidad de las teorías psicodinámicas. Asimismo, las teorías psicodinámicas han experimentado cambios dinámicos, reflejo del entorno sociocultural y los avances científicos de su época. La perspectiva del ciclo vital, desarrollada por Erik Erikson, enfatizó las etapas de desarrollo a lo largo de la vida de un individuo e introdujo el concepto de formación de la identidad, enriqueciendo las teorías psicodinámicas con una comprensión más detallada del crecimiento y la maduración humana. Además, el movimiento neofreudiano, encarnado por teóricos como Karen Horney y Harry Stack Sullivan, forjó nuevas vías dentro de las teorías psicodinámicas, enfatizando las influencias sociales y culturales en la personalidad y la salud mental.

7. Observaciones clínicas - Perspectivas sobre el comportamiento del paciente:

El entorno clínico sirve de laboratorio para comprobar la aplicabilidad del marco teórico de Freud en la comprensión de la psicología y la conducta humanas. Mediante la observación y el análisis minuciosos, los clínicos pueden discernir patrones de comportamiento que reflejan la interacción entre el Ello, el Yo y el Superyó. Estas observaciones suelen revelar los conflictos y tensiones dinámicas dentro de la psique del individuo, arrojando luz sobre los mecanismos subyacentes a sus pensamientos, emociones y acciones.

Las observaciones clínicas ofrecen valiosas oportunidades para observar los mecanismos de defensa en acción. Al examinar detenidamente cómo las personas afrontan la ansiedad y los conflictos internos, los profesionales clínicos adquieren una comprensión más profunda de las estrategias adaptativas empleadas para mantener el equilibrio psicológico. Este conocimiento directo mejora la comprensión del concepto freudiano de mecanismos de defensa y su impacto en el bienestar mental y emocional del individuo.

En el contexto clínico, los psicoanalistas analizan objetivamente la influencia de los deseos inconscientes y los recuerdos reprimidos en la conducta del paciente. Estas observaciones perspicaces dilucidan el impacto perdurable de las experiencias pasadas y los conflictos no resueltos en los pensamientos y comportamientos actuales, corroborando la importancia del inconsciente en la configuración de la conducta humana.

A medida que estos conocimientos clínicos se acumulan, contribuyen al refinamiento y la consolidación del modelo estructural de Freud. Al confrontar la complejidad del comportamiento humano y analizar sus fundamentos mediante evidencia empírica, los clínicos participan activamente en la síntesis de los constructos teóricos de Freud con manifestaciones del mundo real. Como resultado, el ámbito clínico se convierte en un espacio vital para la validación y el desarrollo de los conceptos propuestos en la teoría freudiana.

Equilibrio dinámico - El equilibrio de fuerzas internas

1. Introducción:

El equilibrio dinámico se refiere a la interacción y el equilibrio dinámicos de las fuerzas psíquicas en conflicto que configuran el comportamiento y los estados mentales humanos. En esencia, abarca la lucha y resolución constantes entre el Ello, el Yo y el Superyó, los tres componentes esenciales de la psique, según los postulados por Freud. El concepto de equilibrio dinámico subraya la constante negociación y regulación de los impulsos instintivos, las normas sociales y los deseos personales dentro de la psique individual. Además, encapsula la naturaleza siempre cambiante de este conflicto interno, influenciado por estímulos externos, impulsos internos y experiencias pasadas. Históricamente, la noción de equilibrio psíquico tiene sus raíces en los primeros trabajos de Freud sobre el inconsciente y su exploración de las complejidades que subyacen a la motivación y el comportamiento humanos. A lo largo de su carrera, Freud enfatizó las dinámicas que operan en la mente humana, reconociendo el profundo impacto de los conflictos no resueltos y los deseos reprimidos en el bienestar mental. Al ahondar en las profundidades del inconsciente, Freud buscó desentrañar los mecanismos mediante los cuales se alcanza y se altera el equilibrio. Esta sección explica la importancia del equilibrio dinámico en el contexto más amplio del desarrollo de la personalidad y el funcionamiento mental. Va más allá de la comprensión superficial de los procesos psicológicos, profundizando en los mecanismos que impulsan las acciones conscientes y subconscientes de los individuos.

2. Perspectivas históricas sobre el equilibrio psíquico:

A lo largo de la historia, el concepto de equilibrio psíquico ha sido un tema recurrente en el discurso filosófico y psicológico.

Civilizaciones antiguas como la griega y la egipcia exploraron la idea de la armonía y el equilibrio interior, aunque desde diferentes perspectivas culturales y religiosas. Los diálogos platónicos, por ejemplo, profundizaron en la noción de equilibrar los aspectos racionales e irracionales de la psique, sentando las bases para debates posteriores sobre la interacción de las fuerzas conscientes e inconscientes.

Avanzando en el tiempo, el Renacimiento presenció un resurgimiento del interés por la mente humana y su dinámica interna. Pensadores como Erasmo y Montaigne reflexionaron sobre el delicado equilibrio entre la razón y la emoción, ofreciendo perspectivas que anticiparon el desarrollo posterior de las teorías psicológicas sobre el equilibrio psíquico.

El siglo XIX, con su efervescencia intelectual, sentó las bases para el surgimiento de la psicología moderna. Figuras como William James y Wilhelm Wundt contribuyeron a la comprensión del equilibrio mental al enfatizar la necesidad de una interacción equilibrada entre la sensación, la percepción y la cognición. Este período también presenció el inicio del interés por el inconsciente, un precursor fundamental de la obra seminal de Freud sobre el equilibrio dinámico de la psique.

A medida que avanzamos hacia el siglo XX, el tumultuoso contexto de los acontecimientos mundiales influyó en la exploración del equilibrio psíquico. Filósofos existencialistas como Jean-Paul Sartre y Albert Camus abordaron cuestiones de autenticidad, angustia y libertad, planteando profundas preguntas sobre la búsqueda individual del equilibrio en un mundo caótico e incierto. Mientras tanto, el floreciente campo del psicoanálisis, impulsado por Freud y posteriormente desarrollado por sus sucesores, buscaba dilucidar los mecanismos mediante los cuales se gestionan y resuelven los conflictos internos.

En la actualidad, los avances en neurociencia y psicología cognitiva han arrojado nueva luz sobre la búsqueda histórica del equilibrio psíquico. La integración de la investigación empírica con los marcos teóricos ha enriquecido nuestra comprensión de cómo el cerebro procesa las emociones, regula los impulsos y mantiene un estado de equilibrio psicológico. Además, las perspectivas interculturales han ampliado el discurso sobre el equilibrio psíquico, destacando las diferentes maneras en que las diferentes sociedades y tradiciones conciben y cultivan la armonía interior.

3. La interacción de fuerzas conscientes e inconscientes:

La interacción dinámica entre las fuerzas conscientes e inconscientes constituye la base del comportamiento y la psique humanos, ejerciendo una profunda influencia en los pensamientos, emociones y acciones del individuo. La mente consciente, que representa el campo de la conciencia, abarca nuestros pensamientos, percepciones y razonamiento racional inmediatos. Por el contrario, el inconsciente opera más allá del ámbito de la conciencia, albergando deseos reprimidos, conflictos no resueltos e instintos primarios. Estos dominios contrastantes interactúan constantemente de forma compleja, moldeando el comportamiento y la personalidad. La obra pionera de Sigmund Freud profundizó en esta interrelación, elucidando su papel fundamental en la comprensión de la mente humana.

En el centro de esta interacción se encuentra el proceso de represión, en el que el inconsciente ejerce su influencia sobre la conciencia mediante mecanismos sutiles. Freud postuló que los deseos reprimidos y las experiencias traumáticas, ya sea de la infancia o la edad adulta, continúan ejerciendo su impacto en los pensamientos y comportamientos conscientes. Este fenómeno se manifiesta a través de diversos medios, como lapsus lingüísticos, sueños y miedos aparentemente irracionales, lo que arroja luz sobre las interconexiones entre estos dominios mentales.

El inconsciente a menudo se manifiesta en formas simbólicas, ocultando significados más profundos que escapan a la comprensión consciente. El campo de los sueños, según Freud, ofrece una vía para descifrar las fuerzas inconscientes en juego.

Las representaciones simbólicas en los sueños permiten vislumbrar deseos ocultos, miedos y conflictos no resueltos, funcionando como un conducto para que el inconsciente se comunique con la mente consciente. Desentrañar estos mensajes simbólicos se convierte en una tarea crucial en el psicoanálisis, permitiendo a las personas comprender sus motivaciones y aspiraciones más profundas.

Si bien los procesos conscientes permiten la toma de decisiones razonadas y la planificación, las fuerzas inconscientes moldean e influyen significativamente en estas actividades. Las respuestas emocionales, las dinámicas interpersonales y las reacciones instintivas se ven profundamente influenciadas por las corrientes subyacentes del inconsciente. Comprender esta complejidad subraya la importancia de ahondar en las profundidades del inconsciente para descubrir las motivaciones subyacentes que impulsan el comportamiento humano.

La interacción de fuerzas conscientes e inconscientes subraya la importancia de la introspección y la autoexploración para fomentar el bienestar psicológico. Al comprender los secretos de la mente, las personas pueden alcanzar una comprensión más profunda de sus comportamientos y emociones, impulsando así su crecimiento personal.

4. Estabilidad a través del rol del ego:

El Yo, según Freud, desempeña un papel crucial en el mantenimiento del equilibrio psíquico. Más allá de los impulsos instintivos del Ello y los imperativos morales del Superyó, el Yo actúa como el ejecutor de la psique, gestionando las exigencias de la realidad y los deseos internos. Aferrado a la conciencia, el Yo emplea mecanismos de defensa para mitigar los conflictos que surgen de la convergencia de los impulsos instintivos y las normas sociales.

Un elemento central de la función del Yo es su capacidad para tomar decisiones racionales y resolver problemas. Mediante su capacidad para evaluar las circunstancias ambientales, el Yo se esfuerza por satisfacer las necesidades primarias del Ello, considerando las consecuencias dentro del marco sociocultural. Esta negociación entre los deseos internos y las limitaciones externas constituye la base de la estabilidad del Yo, contribuyendo a la adaptación del individuo a diversas situaciones.

El Yo actúa como mediador en el procesamiento y la síntesis de información del inconsciente. Mediante procesos secundarios, el Yo traduce los impulsos inconscientes en pensamientos, sentimientos y acciones conscientes, lo que permite a las personas gestionar sus conflictos internos de forma coherente. Este proceso garantiza que los impulsos incontrolables del Ello se canalicen adecuadamente y que las exigencias del Superyó se equilibren con las consideraciones prácticas.

La capacidad del ego para retrasar la gratificación y considerar las consecuencias a largo plazo mejora la capacidad del individuo para desenvolverse eficazmente dentro de las estructuras sociales. Al emplear estratégicamente la comprobación de la realidad, el ego discierne la viabilidad y aceptabilidad de satisfacer las necesidades instintivas, previniendo así acciones impulsivas que podrían conducir a resultados perjudiciales.

En esencia, el papel del ego en la estabilización de la psique es innegable. En su hábil gestión de las fuerzas conflictivas, el ego facilita la capacidad del individuo para mantener la armonía psicológica ante las exigencias contrapuestas de los impulsos primitivos y las expectativas sociales.

5. La influencia del Superyó en el equilibrio moral:

El Superyó actúa como la internalización de las normas morales sociales y parentales. Esta estructura psicológica dicta el sentido del bien y del mal de cada individuo, influyendo en sus procesos de toma de decisiones y consideraciones éticas. Operando en la intersección de conflictos internos, el Superyó ejerce su influencia imponiendo ideales morales rígidos, a menudo agravados por sentimientos de culpa y ansiedad cuando no se cumplen sus normas. Comprender el impacto del Superyó en el equilibrio moral requiere explorar sus raíces evolutivas, ya que se configura durante la primera infancia a través de la identificación con las figuras parentales y las normas sociales.

El Superyó desempeña un papel fundamental en el mantenimiento de la cohesión y el orden social, guiando a los individuos hacia comportamientos considerados aceptables por los estándares sociales. Su influencia en el equilibrio moral subraya la complejidad del comportamiento humano, ya que los individuos se esfuerzan por navegar entre sus deseos internos y las normas externas impuestas por el Superyó. Esta interacción a menudo conduce a luchas internas, generando un conflicto entre la gratificación personal y la adhesión a las normas morales.

Profundizar en la influencia del Superyó revela su importante influencia en las relaciones interpersonales, la dinámica social y la toma de decisiones éticas. Quienes buscan el equilibrio moral deben negociar las exigencias del Superyó y, al mismo tiempo, conciliar los impulsos contrapuestos del Ello y el Yo. Por lo tanto, lograr un equilibrio armonioso se convierte en una tarea multifacética que requiere introspección, autorregulación y una comprensión matizada de las expectativas sociales.

La influencia del Superyó trasciende la psicología individual e impregna diversas dimensiones socioculturales. Moldea las actitudes colectivas, las normas culturales y las normas de conducta, contribuyendo así al tejido moral más amplio de la sociedad. Reconocer el impacto generalizado del Superyó aclara las complejidades del desarrollo moral, la ética y el marco social más amplio en el que se desenvuelven los individuos.

6. Mecanismos adaptativos para mantener el equilibrio:

Los mecanismos adaptativos son componentes integrales de la psique humana y sirven como herramientas cruciales para navegar el complejo panorama de fuerzas internas. Estos mecanismos abarcan diversas estrategias empleadas por el ego para salvaguardar el equilibrio psicológico del individuo ante impulsos y demandas conflictivas. Uno de estos mecanismos es la sublimación, mediante la cual los deseos instintivos se canalizan hacia salidas socialmente aceptables, como la expresión artística o las actividades intelectuales. Al redirigir los impulsos potentes hacia esfuerzos constructivos, las personas pueden mitigar los conflictos internos y, al mismo tiempo, contribuir positivamente a la sociedad.

Otro mecanismo adaptativo, la racionalización, implica crear explicaciones lógicas para justificar comportamientos que, de otro modo, podrían inducir culpa o ansiedad. Este proceso cognitivo permite a las personas conciliar pensamientos y acciones contradictorias, fomentando un sentido de coherencia mental. Además, la proyección permite atribuir sus propios rasgos o emociones indeseables a los demás, reduciendo así la agitación interna mediante la externalización de los defectos percibidos.

La regresión representa un retroceso a etapas anteriores del desarrollo psicológico en respuesta al estrés o la adversidad. Aunque aparentemente regresiva, esta adaptación puede brindar un respiro temporal y sanación emocional ante desafíos abrumadores. De igual manera, el desplazamiento implica redirigir una emoción de su objetivo original a un objetivo sustituto, mitigando así el conflicto inmediato y requiriendo un análisis más profundo de sus causas subyacentes.

El empleo de mecanismos de defensa como la represión y la negación sirve para proteger la mente consciente de pensamientos y recuerdos angustiosos o inaceptables. Al relegar dicho material al inconsciente, las personas se protegen del impacto total del contenido amenazante, aunque potencialmente perpetúan la tensión psíquica no resuelta. Cabe destacar que la manifestación de los mecanismos adaptativos se ve influenciada por factores como las normas culturales, las experiencias personales y la etapa de desarrollo, lo que pone de relieve la interacción entre las influencias individuales y ambientales en el mantenimiento del equilibrio psíquico.

7. Desequilibrios - Causas y consecuencias:

Los desequilibrios psíquicos pueden surgir de diversos factores, a menudo arraigados en conflictos no resueltos y deseos reprimidos. Estos desequilibrios pueden manifestarse como síntomas de malestar psicológico, como ansiedad, depresión o conductas desadaptativas. Una causa común de desequilibrio son los conflictos no resueltos entre el Ello, el Yo y el Superyó, que provocan discordia interna y agitación emocional. Además, las experiencias traumáticas del pasado pueden perturbar este delicado equilibrio, lo que tiene efectos generalizados en el bienestar mental del individuo. Asimismo, las influencias sociales y culturales pueden imponer exigencias contradictorias al individuo, contribuyendo a un estado de conflicto interno.

Las consecuencias de estos desequilibrios son de amplio alcance e impacto. Pueden afectar la capacidad de una persona para funcionar eficazmente en diversas áreas de la vida, como las relaciones personales, el trabajo y la satisfacción general. Los desequilibrios también pueden conducir al desarrollo de mecanismos de afrontamiento desadaptativos, el abuso de sustancias o conductas compulsivas como intentos de aliviar la agitación interna. Además, los desequilibrios crónicos pueden contribuir a la exacerbación de trastornos de salud mental, lo que podría provocar graves alteraciones en la calidad de vida.

Comprender las causas y consecuencias de estos desequilibrios es crucial para los profesionales de la salud mental en la evaluación y el tratamiento de las personas. Al identificar los factores subyacentes que contribuyen a dichos desequilibrios, los profesionales clínicos pueden adaptar las estrategias de intervención para abordar eficazmente las causas fundamentales. Los enfoques terapéuticos dirigidos a restablecer el equilibrio suelen implicar la autoconciencia, la resolución de conflictos y el fomento de estrategias de afrontamiento adaptativas para gestionar la discordia interna. Además, integrar el apoyo psicosocial y promover hábitos de vida saludables puede ayudar a mitigar las consecuencias de estos desequilibrios, apoyando en última instancia el camino de la persona hacia el bienestar psicológico.

8. Enfoques terapéuticos para el equilibrio:

Los enfoques terapéuticos para restablecer el equilibrio psíquico se basan en los conceptos fundamentales del psicoanálisis freudiano. Al profundizar en los mecanismos de la mente humana, los terapeutas emplean diversas técnicas para ayudar a las personas a alcanzar un estado de equilibrio interno. Un aspecto central de estos enfoques es la exploración de los conflictos inconscientes y la consiguiente facilitación de su resolución. Al dilucidar pensamientos, emociones y deseos reprimidos, los terapeutas guían a los pacientes en un camino hacia la autoconciencia y la aceptación, fomentando así un entorno propicio para el equilibrio.

Uno de los principales enfoques terapéuticos es el método de asociación libre, en el que se anima a los pacientes a expresar sus pensamientos y sentimientos sin censura. Esta técnica permite revelar el contenido inconsciente subyacente, que luego puede examinarse e integrarse en la mente consciente, contribuyendo a un estado mental más armonioso. Además, la interpretación de los sueños es una herramienta poderosa para descubrir luchas y deseos inconscientes, ayudando a las personas a descifrar sus conflictos internos y a alcanzar un sentido de equilibrio.

El uso de los fenómenos de transferencia y contratransferencia en la relación terapéutica facilita la exploración de dinámicas interpersonales y conflictos no resueltos de relaciones pasadas. Al reconocer y abordar estas dinámicas, las personas pueden comenzar a sanar heridas emocionales profundas, lo que lleva a la restauración del equilibrio psíquico.

La terapia cognitivo-conductual, si bien no se alinea tradicionalmente con los principios psicoanalíticos, incorpora valiosas técnicas que contribuyen al logro del equilibrio. Al identificar y desafiar patrones de pensamiento y comportamientos desadaptativos, las personas pueden desarrollar estrategias de afrontamiento y respuestas adaptativas a la agitación interna, fomentando así el equilibrio psíquico.

Más allá de estos métodos terapéuticos tradicionales, enfoques contemporáneos como las intervenciones basadas en la atención plena y la experiencia somática ofrecen vías innovadoras para restablecer el equilibrio mediante la integración de la conexión mente-cuerpo y la mejora de la autorregulación de las experiencias emocionales. La práctica de la atención plena, combinada con técnicas para abordar la tensión corporal y liberar el trauma, proporciona a las personas herramientas para armonizar sus fuerzas internas y promover el bienestar psicológico general.

Mecanismos de defensa

1. Introducción:

Los mecanismos de defensa, tal como se explican en el psicoanálisis freudiano, operan a nivel inconsciente y sirven como estrategias subconscientes cruciales para gestionar los factores de estrés psicológico y mantener el equilibrio psíquico. En esta sección, profundizaremos en los conceptos fundamentales que sustentan los mecanismos de defensa, aclarando su propósito y significado dentro del marco más amplio de la teoría psicoanalítica de Freud. Al explorar la interacción entre los mecanismos de defensa y el mundo interno del individuo, buscamos desentrañar las complejidades del comportamiento humano y la adaptación psicológica. Mediante un análisis exhaustivo de diversos mecanismos de defensa, buscamos proporcionar una comprensión holística de sus funciones adaptativas y su impacto en el bienestar emocional. Además, esta sección busca subrayar la relevancia de los mecanismos de defensa en el contexto de la práctica clínica, enfatizando su utilidad en las intervenciones terapéuticas y profundizando en la comprensión del comportamiento humano. La exploración de los mecanismos de defensa no solo es esencial para comprender las complejidades de la mente humana, sino que también tiene profundas implicaciones para fomentar la resiliencia emocional y facilitar el crecimiento personal.

2. El papel de la ansiedad en los mecanismos de defensa:

La ansiedad desempeña un papel fundamental en el funcionamiento de los mecanismos de defensa en el marco de la teoría psicoanalítica. En esencia, la ansiedad sirve como señal que indica una amenaza al equilibrio psicológico, a menudo derivada del conflicto entre los impulsos inconscientes y las normas sociales. Según Freud, la ansiedad surge de la tensión entre los deseos primarios del Ello, las normas morales internalizadas del Superyó y los intentos del Yo de mediar en estas fuerzas contradictorias. Comprender la naturaleza de la ansiedad es esencial para comprender el propósito y el funcionamiento de los mecanismos de defensa.

En la psicología freudiana, existen tres formas principales de ansiedad: ansiedad de realidad, ansiedad neurótica y ansiedad moral. La ansiedad de realidad surge del mundo externo y se relaciona con amenazas tangibles. La ansiedad neurótica se manifiesta por el miedo a que los instintos, albergados en el inconsciente, se expresen en la conciencia. La ansiedad moral surge del conflicto entre la conducta del individuo y su código moral internalizado. Estos distintos tipos de ansiedad reflejan la interacción entre las dinámicas internas y los estresores externos, que posteriormente influyen en el uso de los mecanismos de defensa.

A medida que las personas experimentan ansiedad, sus egos activan mecanismos de defensa para mitigar las amenazas percibidas al bienestar psicológico. Es importante reconocer que los mecanismos de defensa funcionan como estrategias de protección intrínsecas, destinadas a reducir o modificar los impulsos que inducen ansiedad, tanto internos como externos. Funcionan alterando, distorsionando o redirigiendo la fuente de ansiedad hacia objetivos más aceptables, preservando así la estabilidad psíquica del individuo. Al comprender la naturaleza específica de la ansiedad y las maniobras defensivas que suscita, se comprende mejor cómo las personas gestionan su agitación interna.

3. Represión - La base de la defensa psicológica:

Según Freud, la represión implica la exclusión inconsciente de pensamientos, emociones o impulsos angustiosos de la conciencia. Este proceso se produce como medio para reducir la ansiedad y preservar el equilibrio psicológico. Al desterrar del inconsciente el contenido amenazante o socialmente inaceptable, las personas pueden evitar la confrontación directa con material con alta carga emocional.

Freud postuló que la represión opera predominantemente a nivel de deseos instintivos o sexuales, experiencias traumáticas y deseos inaceptables. Estos pensamientos reprimidos a menudo permanecen ocultos a la conciencia, pero su influencia persiste, ejerciendo un impacto sutil pero profundo en el comportamiento, las respuestas emocionales y el bienestar mental general. La presencia continua de contenido reprimido puede manifestarse de diversas formas, incluyendo síntomas, creencias irracionales y dificultades interpersonales.

El uso de la represión como mecanismo de defensa está vinculado al desarrollo psíquico. Durante la primera infancia, cuando las personas son particularmente vulnerables, la psique emplea la represión como estrategia de protección contra experiencias abrumadoras o angustiosas. Freud enfatizó que este proceso de represión ocurre automáticamente, fuera del control voluntario del individuo, lo que subraya su naturaleza en gran medida inconsciente.

En la práctica clínica, la exploración del material reprimido posee un valor terapéutico significativo. Mediante técnicas psicoanalíticas como la asociación libre y el análisis de los sueños, se guía a las personas para acceder y sacar a la luz el contenido reprimido que reside en su inconsciente. Al iluminar estos campos ocultos, las personas pueden comprender mejor el origen de sus conflictos, ansiedades y patrones de conducta desadaptativos.

Es importante reconocer que, si bien la represión funciona como una operación defensiva fundamental, también puede tener consecuencias imprevistas. La supresión persistente de material emocional vital puede dar lugar a síntomas neuróticos, trastornos psicosomáticos o sentimientos generalizados de descontento.

4. Negación y distorsión de la realidad:

La negación y la distorsión de la realidad son mecanismos de defensa fundamentales que permiten a las personas afrontar la agitación interna y las experiencias angustiosas. La negación implica negarse a reconocer la existencia de una amenaza externa o un conflicto interno, protegiéndose así de la ansiedad y el malestar asociados. Este mecanismo funciona como un escudo protector, aliviando temporalmente el malestar psicológico al negar la realidad de una situación angustiante.

La distorsión de la realidad implica alterar la percepción de un evento o situación angustiante de manera que se reduzca su impacto emocional. Las personas pueden incurrir en distorsiones cognitivas o replantear su comprensión de los eventos, lo que les permite percibir las circunstancias desde una perspectiva menos amenazante. Al distorsionar la realidad, las personas buscan consuelo en interpretaciones alternativas menos angustiantes, mitigando así la perturbación emocional provocada por los sucesos reales.

Estos mecanismos de defensa a menudo se entrelazan y se complementan para aliviar el malestar psicológico. La negación puede propiciar la distorsión, ya que la negativa inicial a aceptar una verdad desagradable puede catalizar la transformación de la realidad para alinearse con la narrativa deseada. Por el contrario, ante una versión distorsionada de la realidad, las personas pueden recurrir a la negación para fortalecer su convicción en la percepción alterada, perpetuando así un ciclo de delirio autoprotector.

Es crucial reconocer que, si bien la negación y la distorsión ofrecen un alivio temporal de la angustia, pueden obstaculizar el procesamiento emocional auténtico y la resolución de problemas. La dependencia continua de estos mecanismos de defensa puede fomentar un entorno donde las personas se ven aisladas de confrontar y abordar las causas profundas de su angustia, lo que podría exacerbar problemas psicológicos a largo plazo.

Cabe destacar que la negación y la distorsión de la realidad se vinculan con el concepto de disonancia cognitiva, en el que las personas experimentan incomodidad al enfrentarse a creencias o información contradictorias. Estos mecanismos de defensa sirven para aliviar la disonancia cognitiva, ya sea negando la validez de la información contradictoria o distorsionando su significado, restaurando así la sensación de coherencia interna y reduciendo el malestar psicológico.

5. Proyección:

La proyección representa un mecanismo de defensa mediante el cual las personas atribuyen sus propias emociones, rasgos o impulsos no deseados o inconscientes a otra persona. Este acto permite a la persona externalizar conflictos y sentimientos internos que resultan demasiado difíciles de reconocer o procesar internamente. El concepto de proyección tiene profundas raíces en el psicoanálisis freudiano y desempeña un papel fundamental en la comprensión del comportamiento y las relaciones humanas. A través de la proyección, las personas rechazan aspectos incómodos de sí mismas al percibir esas cualidades en los demás, aliviando así su propio malestar psicológico. Esta tendencia puede manifestarse en diversas dinámicas interpersonales, influyendo en la comunicación, la percepción y las interacciones sociales. Un ejemplo de proyección puede ilustrarse en situaciones en las que una persona acusa a otros de comportamientos o motivos con los que lucha inconscientemente. Al proyectar sus luchas internas en los demás, las personas protegen su autoimagen y evitan afrontar sus propios problemas no resueltos. Además, la proyección puede crear barreras para la autoconciencia y la introspección, ya que las personas pueden resistirse a reconocer sus propios defectos o inseguridades. Comprender la proyección es esencial en entornos terapéuticos, ya que arroja luz sobre la complejidad de los mecanismos de defensa humanos y las capas del inconsciente. Además, ser consciente de la proyección puede enriquecer las relaciones personales, permitiendo a las personas reconocer y abordar los conflictos subyacentes en lugar de perpetuar malentendidos o culpar a otros. Es importante destacar que, si bien la proyección proporciona un alivio temporal de la angustia interna, en última instancia impide el crecimiento personal genuino y la resolución de problemas. Por lo tanto, confrontar e integrar los elementos proyectados en la autoconciencia es un paso crucial para fomentar la madurez emocional y el bienestar psicológico.

6. Racionalización:

Al emplear la racionalización, las personas buscan dar explicaciones o justificaciones lógicas a sus comportamientos, pensamientos o sentimientos, que pueden tener su origen en conflictos o impulsos inconscientes. En esencia, la racionalización implica la reevaluación cognitiva de la propia conducta o decisiones, transformándolas en acciones aparentemente razonables y aceptables. Este proceso permite a las personas conciliar conflictos internos al atribuir un motivo racional percibido a sus acciones, a pesar de que las motivaciones subyacentes permanezcan arraigadas en el inconsciente. Mediante la racionalización, las personas se protegen de la incomodidad de reconocer el verdadero origen de sus comportamientos, manteniendo así un sentido de cohesión en su comprensión consciente de sí mismas.

La racionalización suele manifestarse en diversos contextos, sirviendo como mecanismo de afrontamiento ante la agitación o la disonancia interna. Las personas pueden utilizar la racionalización para apaciguar sus miedos, inseguridades o emociones conflictivas inherentes. Al construir narrativas elaboradas que se alinean con las normas sociales o creencias personales, las personas pueden aliviar la disonancia causada por sus deseos inconscientes, fomentando una apariencia de armonía psicológica.

La racionalización también funciona como un medio para preservar la autoestima y la integridad moral. Ante acciones o pensamientos que desafían la propia imagen, la racionalización actúa como un escudo protector, permitiendo a las personas mantener una percepción positiva de sí mismas. Al justificar sus acciones mediante la racionalización, las personas protegen su ego de la angustia de reconocer motivaciones más profundas y potencialmente perturbadoras.

Es fundamental reconocer las posibles desventajas de una dependencia excesiva de la racionalización. Si bien inicialmente ofrece alivio del conflicto interno, una dependencia excesiva de este mecanismo de defensa puede obstaculizar la introspección genuina y la autoconciencia. La racionalización descontrolada puede llevar a las personas a descuidar una exploración emocional más profunda, lo que dificulta su capacidad de crecimiento y transformación auténticos.

7. Desplazamiento:

El desplazamiento implica redirigir las respuestas emocionales de su objetivo original a un objetivo alternativo. Cuando una persona experimenta conflicto o frustración al tratar directamente con una persona, situación u objeto en particular, el desplazamiento le permite transferir estas emociones a un objetivo menos amenazante o más accesible.

Esta redirección de emociones sirve como medida de protección contra la ansiedad y el conflicto que pueden surgir al abordar la fuente real de angustia. Es importante destacar que el objetivo sustituido puede no provocar el mismo nivel de ansiedad que la fuente original, lo que ofrece alivio psicológico a la persona que emplea este mecanismo de defensa.

El desplazamiento suele operar a nivel inconsciente, lo que dificulta que las personas reconozcan cuándo están utilizando este mecanismo. Comprender e identificar el desplazamiento es crucial en el psicoanálisis, ya que arroja luz sobre las causas subyacentes de los trastornos emocionales y proporciona información sobre las estrategias de afrontamiento de cada individuo.

El desplazamiento puede manifestarse en diversos aspectos de la vida de una persona, como las relaciones personales, la dinámica laboral y las interacciones sociales. Por ejemplo, un empleado frustrado por una tarea difícil en el trabajo podría trasladar sus sentimientos a un familiar al regresar a casa, lo que genera conflictos o tensión innecesaria en el hogar.

Además, en las relaciones románticas, las personas pueden trasladar sentimientos no resueltos de experiencias pasadas a sus parejas actuales, lo que genera una tensión excesiva en sus vínculos actuales. Reconocer y abordar este desplazamiento puede ser fundamental para fomentar relaciones más sanas y promover el bienestar emocional.

En algunos casos, el proceso de desplazamiento puede contribuir a la perpetuación de problemas sociales como la búsqueda de chivos expiatorios y la discriminación. Al proyectar emociones negativas sobre ciertos grupos o individuos, pueden surgir sentimientos colectivos de prejuicio y sesgo, lo que genera dinámicas sociales perjudiciales. Por lo tanto, comprender la prevalencia y el impacto del desplazamiento es esencial para abordar desafíos sociales y culturales más amplios.

8. Sublimación:

La sublimación implica la transformación de instintos insatisfechos y socialmente inaceptables en comportamientos constructivos y culturalmente aceptables. Sirve como un medio crucial para que las personas puedan gestionar sus impulsos e impulsos de una manera que se ajuste a las expectativas y normas sociales.

En contextos clínicos y psicológicos, la sublimación desempeña un papel fundamental para que las personas redirijan sus impulsos y deseos primarios hacia actividades productivas y creativas. Al canalizar sus energías internas hacia expresiones artísticas, esfuerzos intelectuales u otras actividades constructivas, las personas utilizan la sublimación como mecanismo para aliviar conflictos internos y contribuir positivamente a la sociedad. A través de la sublimación, las personas controlan sus impulsos incontrolados y los transforman en vías de crecimiento cultural y personal, logrando así un equilibrio armonioso entre sus necesidades instintivas y las exigencias de la vida social.

El proceso de sublimación no está exento de desafíos. Si bien ofrece una vía para la autoexpresión y el desarrollo personal, su implementación exitosa requiere esfuerzo consciente y procesamiento cognitivo. Las personas deben identificar los impulsos subyacentes que requieren redirección y encontrar vías adecuadas para su expresión. Por lo tanto, la práctica de la sublimación exige autoconciencia, introspección y la capacidad de reconocer oportunidades para transformar los instintos primarios en formas superiores de creatividad y productividad.

Examinar la dinámica de la sublimación proporciona valiosas perspectivas sobre la naturaleza multifacética del comportamiento humano. Al explorar cómo los individuos transforman sus instintos primarios en producciones refinadas y culturalmente valiosas, obtenemos una comprensión más profunda de la interacción entre los impulsos inconscientes y las aspiraciones conscientes. Este proceso resalta las complejidades inherentes de la psique humana, arrojando luz sobre las estrategias adaptativas que emplean los individuos para abordar sus conflictos internos, a la vez que contribuyen al entramado cultural colectivo.

9. Regresión:

La regresión, en el contexto del psicoanálisis freudiano, se refiere a un mecanismo de defensa que implica regresar a una etapa anterior del desarrollo para afrontar conflictos internos o estresores externos. Cuando las personas experimentan una ansiedad abrumadora o se enfrentan a situaciones que ponen a prueba su capacidad para afrontar la realidad, pueden recurrir a conductas regresivas como forma de encontrar refugio emocional.

Este retroceso a una etapa más primitiva a menudo se manifiesta en comportamientos y patrones de pensamiento característicos de una edad más temprana. Por ejemplo, un adulto que experimenta una angustia extrema puede exhibir comportamientos infantiles, como lloriquear, hacer pucheros o buscar excesivamente consuelo, lo que recuerda a cómo afrontaba la angustia durante la infancia. Además, las personas pueden mostrar reacciones emocionales más comunes en edades más tempranas, como rabietas o dependencia excesiva.

Desde una perspectiva psicoanalítica, la regresión puede servir como un respiro temporal para quienes lidian con emociones abrumadoras, permitiéndoles regresar a una época en la que se sentían más seguros y menos agobiados por las responsabilidades adultas. Si bien este retraimiento puede ofrecer una sensación de bienestar, también obstaculiza el crecimiento personal y las estrategias de afrontamiento adaptativas. A medida que las personas experimentan una regresión, pueden descuidar sus obligaciones y desafíos actuales, lo que les impide gestionar eficazmente los factores estresantes del presente.

El uso de la regresión como mecanismo de defensa puede provocar el resurgimiento de conflictos no resueltos de etapas anteriores del desarrollo, así como dificultar la adquisición de habilidades de afrontamiento maduras. Al refugiarse en un estado psicológico previo, las personas pueden tener dificultades para afrontar su realidad actual y avanzar hacia la resolución de problemas subyacentes. Es fundamental que las personas reconozcan cuándo la regresión se convierte en una respuesta predominante al estrés y busquen apoyo para desarrollar mecanismos de afrontamiento más saludables.

En la práctica clínica, comprender la regresión desempeña un papel fundamental para descifrar patrones de comportamiento y abordar las dificultades psicológicas subyacentes. Los terapeutas que emplean un enfoque freudiano pueden explorar las tendencias regresivas de sus pacientes para descubrir conflictos ocultos y fomentar el desarrollo de estrategias de afrontamiento alternativas. Comprender las complejidades de la regresión permite a los profesionales clínicos guiar a las personas hacia respuestas más saludables al estrés, fomentando así el crecimiento personal y el funcionamiento adaptativo.

10. Integración y Funcionalidad de los Mecanismos de Defensa:

Los mecanismos de defensa desempeñan un papel crucial en la regulación de nuestras respuestas a situaciones que provocan ansiedad. Al profundizar en la integración y la funcionalidad de los mecanismos de defensa, es esencial comprender que estos procesos psicológicos no son inherentemente negativos. Más bien, sirven como estrategias adaptativas que permiten a las personas afrontar los factores de estrés internos y externos. La integración se refiere a la asimilación armoniosa de los mecanismos de defensa en el marco más amplio del funcionamiento de la personalidad. Este proceso permite la gestión eficaz de la angustia, manteniendo al mismo tiempo el bienestar psicológico.

La funcionalidad de los mecanismos de defensa subraya su capacidad para salvaguardar el equilibrio mental del individuo ante impulsos y emociones conflictivas. Cuando se emplean de forma saludable, los mecanismos de defensa facilitan la resiliencia y la estabilidad emocional. Al mitigar el impacto de los estímulos que provocan ansiedad, las personas pueden afrontar circunstancias difíciles con mayor facilidad. Es importante destacar que la funcionalidad de los mecanismos de defensa depende de su naturaleza adaptativa; la dependencia excesiva de mecanismos desadaptativos puede obstaculizar el crecimiento personal y las relaciones interpersonales.

La integración de los mecanismos de defensa se produce en el contexto de teorías psicodinámicas, como el psicoanálisis freudiano. Este enfoque postula que los mecanismos de defensa están profundamente entrelazados con los conflictos intrapsíquicos y los procesos inconscientes. Mediante la exploración introspectiva y las intervenciones terapéuticas, las personas pueden lograr un uso más integrado y cohesivo de los mecanismos de defensa, fomentando así la regulación emocional y la autoconciencia.

Un aspecto crucial de la integración consiste en reconocer la interacción entre los diversos mecanismos de defensa y su impacto diferencial en el ajuste psicológico. Comprender la dinámica matizada de estos mecanismos permite a las personas discernir cuándo ciertas defensas cumplen su propósito adaptativo y cuándo pueden estar obstaculizando el desarrollo personal.

MECANISMOS DEL INCONSCIENTE

Represión - Definición, mecanismos y manifestaciones

1. Conceptos básicos y evolución histórica:

La represión ha experimentado una dinámica evolución histórica que ha transformado nuestra comprensión del comportamiento y la conciencia humanos. Con raíces en las obras pioneras de Sigmund Freud, la represión surgió inicialmente como una piedra angular de la teoría psicoanalítica, moldeando el panorama de la investigación psicológica. Su conceptualización inicial se centró en su función como mecanismo de defensa, mediante el cual los pensamientos, recuerdos o impulsos angustiantes se excluían inconscientemente de la conciencia para mitigar el conflicto psicológico. Con el avance de la psicología, la definición de represión se expandió más allá de las propuestas originales de Freud, abarcando dimensiones más amplias relacionadas con la memoria, la cognición y la regulación emocional.

La trayectoria histórica de la represión ilustra cambios cruciales en los marcos teóricos, desde el énfasis de Freud en las pulsiones sexuales y agresivas hasta las perspectivas contemporáneas que integran influencias socioculturales y correlatos neurobiológicos. A lo largo del tiempo, los investigadores han debatido el alcance y los límites de la represión, lo que ha dado lugar a interpretaciones matizadas y al perfeccionamiento de sus conceptos fundamentales. Cabe destacar que la evolución de la teoría de la represión refleja una interacción dinámica entre las observaciones clínicas, la investigación empírica y los conocimientos interdisciplinarios de las ciencias cognitivas y la neurociencia.

Al rastrear la evolución histórica de la represión, se hace evidente que el concepto ha trascendido las fronteras disciplinarias, permeando diversos ámbitos de la psicología y campos afines. Esta progresión histórica permite una exploración exhaustiva de la naturaleza multifacética de la represión, subrayando su importancia para comprender la cognición, el afecto y el comportamiento humanos.

2. Contribuciones de Freud:

Freud propuso que la represión funciona como un mecanismo de defensa crucial que utiliza la mente para protegerse de pensamientos, sentimientos y recuerdos angustiosos o angustiosos. Según Freud, este proceso implica la exclusión inconsciente de dicho material de la conciencia, lo que lleva a su almacenamiento en el inconsciente. La conceptualización freudiana de la represión sentó las bases para posteriores exploraciones sobre el funcionamiento de la psique humana.

El modelo estructural de la mente de Freud, compuesto por el Ello, el Yo y el Superyó, proporcionó un marco para comprender la interacción entre los procesos mentales conscientes e inconscientes, arrojando luz sobre los mecanismos subyacentes a la represión. Postuló que los conflictos entre los impulsos o deseos instintivos y las normas sociales o valores morales a menudo dan lugar a contenido reprimido, lo que provoca agitación interna y angustia psicológica.

Freud introdujo el concepto de transferencia en el contexto de la terapia, enfatizando la relevancia de las experiencias pasadas, en particular las relacionadas con las dinámicas familiares y de la primera infancia, para influir en las conductas y patrones emocionales presentes. Esta idea tiene implicaciones significativas para la identificación y resolución del contenido reprimido, destacando el impacto duradero de los conflictos no resueltos en el bienestar individual.

Las observaciones clínicas y los estudios de caso de Freud, incluyendo el famoso caso de Anna O., brindaron respaldo empírico a la existencia y el funcionamiento de la represión en la configuración del panorama mental y emocional de un individuo. Mediante el análisis detallado de estos casos, Freud ilustró cómo el material reprimido se manifiesta en síntomas, sueños y conductas cotidianas, subrayando así la influencia generalizada de los procesos mentales ocultos.

Las teorías pioneras de Freud siguen siendo fundamentales en el psicoanálisis y la psicología contemporáneos, influyendo en la comprensión y el tratamiento de diversos trastornos de salud mental.

3. Represión versus Supresión:

Si bien tanto la represión como la supresión son mecanismos que implican la evitación intencional de pensamientos o emociones perturbadoras, difieren en sus procesos subyacentes y efectos a largo plazo. La represión, tal como la conceptualizó Freud, implica la exclusión inconsciente de pensamientos y recuerdos angustiosos de la conciencia. Este mecanismo opera fuera de la consciencia, lo que dificulta que las personas reconozcan su presencia en sus procesos mentales. En cambio, la supresión implica el esfuerzo consciente por alejar pensamientos o impulsos indeseados de la mente consciente. A diferencia de la represión, que ocurre automáticamente, la supresión requiere un esfuerzo cognitivo deliberado y control. Comprender las diferencias entre represión y supresión es crucial para los profesionales de la salud mental a la hora de desarrollar intervenciones terapéuticas eficaces. Al reconocer si la estrategia de afrontamiento de un paciente se inclina hacia la represión o la supresión, los terapeutas pueden adaptar los enfoques terapéuticos para abordar eficazmente los mecanismos subyacentes específicos. Además, diferenciar entre estos mecanismos permite a las personas comprender mejor sus propios procesos psicológicos, lo que facilita una mayor autoconciencia y regulación emocional. Asimismo, explorar estos mecanismos arroja luz sobre el impacto de la evitación emocional en el bienestar mental. Las investigaciones sugieren que las personas propensas a la represión o supresión excesiva pueden experimentar un aumento de la ansiedad, la depresión y las dificultades en las relaciones interpersonales. Esta perspectiva enfatiza la importancia de abordar los patrones de represión y supresión desadaptativos en entornos clínicos. La investigación psicológica también profundiza en los fundamentos neurológicos de la represión y la supresión, descubriendo distintos patrones de activación cerebral asociados con cada mecanismo. Los estudios de neuroimagen han demostrado que la represión implica la inhibición de las regiones de procesamiento emocional en el cerebro, lo que conduce a una menor percepción consciente del material estresante. Por el contrario, la supresión se asocia con un aumento de la actividad en las áreas prefrontales responsables del control cognitivo, lo que refleja la naturaleza deliberada de este proceso. Al dilucidar los correlatos neuronales de la represión y la supresión, los investigadores buscan desentrañar la interacción entre la cognición, la emoción y los procesos mentales inconscientes.

4. Neurociencia de la represión - Funciones cerebrales y dinámica cognitiva:

Al investigar la neurociencia de la represión, es fundamental profundizar en los mecanismos que subyacen a la respuesta cerebral a los estímulos emocionales y al procesamiento de la memoria. A nivel neuronal, diversos estudios han implicado la participación de diversas regiones cerebrales, en particular la corteza prefrontal, la amígdala y el hipocampo, en la modulación de las tendencias represivas. La corteza prefrontal, conocida por su papel en las funciones ejecutivas y la toma de decisiones, desempeña un papel fundamental en el control cognitivo sobre los pensamientos y emociones angustiosos. Simultáneamente, la amígdala, un factor clave en el procesamiento emocional, influye en la codificación y recuperación de recuerdos con carga emocional, contribuyendo así a la formación de experiencias reprimidas. Además, la interacción entre el hipocampo, responsable de la consolidación de la memoria, y la amígdala modula la fuerza y la accesibilidad de los recuerdos reprimidos. Comprender estas dinámicas neuronales proporciona información crucial sobre los fundamentos cognitivos de la represión. Además, el empleo de técnicas avanzadas de neuroimagen, como la resonancia magnética funcional (fMRI), ha permitido a los investigadores visualizar los correlatos neuronales de la represión en tiempo real. Al observar los patrones de activación neuronal durante tareas que implican estímulos emocionales y la supresión deliberada de pensamientos, los investigadores han identificado firmas neuronales distintivas asociadas con la represión. Asimismo, la investigación en psicología cognitiva ha esclarecido los procesos cognitivos que rigen la represión. Por ejemplo, estudios sobre sesgos atencionales y disonancia cognitiva han arrojado luz sobre cómo las personas atienden o evitan selectivamente la información amenazante, perpetuando así la represión de pensamientos y recuerdos angustiosos. Asimismo, el fenómeno del olvido motivado, en el que las personas inhiben inconscientemente la recuperación de recuerdos no deseados, ejemplifica la dinámica cognitiva subyacente a la represión. El conocimiento de estos procesos cognitivos ilustra la naturaleza multifacética de la represión y sus vínculos inherentes con el funcionamiento cognitivo. Examinar la neurociencia y la dinámica cognitiva de la represión no solo amplía nuestra comprensión teórica, sino que también tiene profundas implicaciones para las intervenciones terapéuticas. La integración de este conocimiento en los enfoques psicoterapéuticos puede facilitar el desarrollo de intervenciones específicas destinadas a interrumpir la represión desadaptativa y promover el procesamiento adaptativo de las experiencias emocionales.

5. Manifestaciones comunes:

La represión a menudo se manifiesta de forma sutil pero impactante en el comportamiento y las respuestas emocionales de una persona. Una manifestación conductual común de las emociones reprimidas es la tendencia a evitar ciertas situaciones o temas que puedan desencadenar sentimientos o recuerdos no resueltos. Esta evitación puede llevar a patrones de retraimiento, vacilación o actitud defensiva en las interacciones interpersonales. Además, las personas pueden mostrar una irritabilidad extrema o reaccionar con una ira desproporcionada al desencadenante percibido, enmascarando la causa subyacente del conflicto interno.

Emocionalmente, la represión puede generar sentimientos persistentes de inquietud, ansiedad o descontento sin causa aparente. Una persona que lidia con recuerdos o emociones reprimidas puede experimentar fluctuaciones inexplicables del estado de ánimo, que van desde períodos de melancolía hasta estallidos repentinos de agitación. Además, la supresión de las emociones puede generar una sensación general de desapego o desconexión consigo misma y con los demás, lo que dificulta la capacidad del individuo para forjar relaciones significativas y auténticas.

Otra señal conductual notable de represión es la adopción de mecanismos de afrontamiento como el abuso de sustancias, las conductas compulsivas o las distracciones excesivas como medio para escapar de la confrontación de emociones o recuerdos incómodos. Estas conductas sirven como alivio temporal, pero perpetúan el ciclo de evitación, contribuyendo al malestar psicológico a largo plazo.

Además de estas manifestaciones, la represión emocional también puede ir acompañada de síntomas físicos. Las personas pueden experimentar molestias somáticas inexplicables, como dolores de cabeza crónicos, tensión muscular, problemas digestivos u otras dolencias psicosomáticas, lo que refleja el intento del cuerpo de expresar y procesar la agitación psicológica no resuelta.

Es importante reconocer que estas manifestaciones a menudo operan de forma inconsciente, lo que dificulta su identificación sin una comprensión profunda de las tendencias represivas y sus posibles efectos. Abordar estas señales conductuales y emocionales requiere un enfoque integral basado en la empatía, la comprensión y el apoyo terapéutico, con el objetivo de desentrañar las capas de experiencias y emociones reprimidas para promover la sanación holística y el autodescubrimiento.

6. El papel de la memoria - Cómo los recuerdos reprimidos influyen en el comportamiento actual

Los recuerdos reprimidos, aunque aparentemente relegados al pasado, ejercen una profunda influencia en el comportamiento presente. La red de procesos de la memoria se entrelaza con mecanismos represivos, moldeando las respuestas, emociones e interacciones de una persona con los demás. Comprender cómo los recuerdos reprimidos influyen en el comportamiento presente requiere profundizar en las complejidades de la consolidación y recuperación de la memoria, así como en la interacción de los procesos conscientes e inconscientes. En el centro de esta exploración se encuentra el concepto de reactivación de la memoria y su posible impacto en el funcionamiento cognitivo y emocional. Los recuerdos reprimidos, a menudo vinculados a experiencias traumáticas o eventos angustiantes, continúan moldeando las percepciones y reacciones de una persona, incluso cuando permanecen ocultos a la conciencia. Su influencia puede manifestarse en patrones de comportamiento recurrentes, miedos inexplicables o respuestas emocionales paradójicas, lo que alude al profundo impacto de los recuerdos reprimidos en el funcionamiento psicológico actual. Además, el período de latencia entre la ocurrencia de la experiencia original y el eventual afloramiento de los recuerdos reprimidos subraya la influencia sostenida de estos recuerdos a lo largo del tiempo. El papel de la memoria en la perpetuación de las tendencias represivas también acentúa la importancia de explorar las conexiones entre los procesos conscientes e inconscientes. Descubrir los mecanismos a través de los cuales los recuerdos reprimidos se infiltran en el procesamiento cognitivo consciente arroja luz sobre la naturaleza de la recuperación de la memoria y los sesgos cognitivos relacionados con la represión. Además, dilucidar las consecuencias a largo plazo de los recuerdos reprimidos en la capacidad de regulación emocional y las estrategias de afrontamiento adaptativas de una persona proporciona una perspectiva crucial sobre las ramificaciones duraderas de los conflictos psicológicos no resueltos. Al analizar el papel de la memoria en la perpetuación de la naturaleza cíclica de la represión, los profesionales de la salud mental pueden perfeccionar las intervenciones terapéuticas destinadas a desentrañar los recuerdos reprimidos y mitigar su impacto disruptivo en el comportamiento actual.

7. Represión adaptativa versus represión desadaptativa:

La represión adaptativa se refiere al filtrado subconsciente de recuerdos angustiosos o traumáticos para proteger al individuo de una ansiedad abrumadora, permitiéndole desenvolverse eficazmente en la vida diaria. Este aspecto adaptativo de la represión actúa como un mecanismo de defensa que facilita la resiliencia y el afrontamiento ante la adversidad. Por el contrario, la represión desadaptativa implica una supresión excesiva o persistente de emociones o recuerdos, lo que genera conflictos psicológicos no resueltos y afecta la capacidad del individuo para procesar e integrar experiencias. Identificar y distinguir entre la represión adaptativa y la desadaptativa requiere una evaluación exhaustiva de diversos factores, como la naturaleza de los recuerdos reprimidos, su impacto en los procesos cognitivos y la regulación emocional, y el funcionamiento psicosocial general del individuo. Es fundamental reconocer que, si bien la represión adaptativa puede proporcionar un alivio temporal de la angustia, su uso prolongado puede obstaculizar el procesamiento emocional genuino e impedir el progreso terapéutico. Además, la represión desadaptativa puede provocar un mayor malestar psicológico, dificultades interpersonales y una mayor susceptibilidad a los trastornos de salud mental. La interacción entre la represión adaptativa y la desadaptativa también se extiende al contexto social y cultural más amplio. Las normas culturales, las expectativas sociales y las dinámicas familiares pueden moldear la propensión de las personas a desarrollar tendencias represivas e influir en la percepción de la pertinencia de expresar emociones o afrontar experiencias dolorosas. Por consiguiente, la evaluación de la represión debe considerar la interacción de factores personales, interpersonales y socioculturales para determinar su naturaleza adaptativa o desadaptativa. El desarrollo de intervenciones eficaces para el manejo de la represión requiere una comprensión matizada de cuándo y cómo se manifiesta de forma adaptativa o desadaptativa. Los enfoques terapéuticos que se centran en promover la conciencia adaptativa de la represión, mejorar las habilidades de regulación emocional y fomentar un entorno propicio para la expresión y la validación pueden ayudar a las personas a gestionar sus tendencias represivas de forma más saludable.

8. Influencias culturales y sociales en las tendencias represivas

Las normas, valores y tradiciones culturales contribuyen significativamente a la construcción de expresiones emocionales y conductuales aceptables, lo que incide en el desarrollo de tendencias represivas en diferentes culturas. En algunas culturas, fomentar la apertura y la expresión emocional puede mitigar las tendencias represivas, mientras que en otras, el estoicismo y la contención emocional pueden considerarse rasgos ideales, lo que conduce a una mayor represión. Además, las actitudes sociales hacia la vulnerabilidad, la salud mental y la búsqueda de ayuda pueden reforzar o aliviar las inclinaciones represivas. La estigmatización del malestar psicológico en ciertas culturas puede disuadir el reconocimiento y el abordaje de las emociones reprimidas, perpetuando sus efectos nocivos en el bienestar individual. Asimismo, la influencia de las redes sociales, la dinámica familiar y las interacciones con los iguales no puede subestimarse al examinar las tendencias represivas. Los sistemas familiares y las estructuras sociales pueden moldear el refuerzo y la supresión de las emociones, lo que influye en cómo las personas gestionan y afrontan sus experiencias reprimidas. Además, merece la pena explorar el impacto del trauma histórico e intergeneracional en las tendencias represivas dentro de los grupos culturales, ya que las experiencias culturales colectivas pueden influir significativamente en la transmisión y perpetuación de emociones y conductas reprimidas.

9. Represión a lo largo de la vida:

La represión se manifiesta de forma variable a lo largo de la vida, reflejando influencias desde la infancia hasta la edad adulta. Las experiencias de la infancia desempeñan un papel fundamental en la formación de las tendencias represivas, lo que a menudo da lugar a patrones persistentes que se observan en la edad adulta. Comprender la trayectoria de la represión a lo largo de la vida es crucial tanto para los profesionales de la salud mental como para los investigadores, ya que arroja luz sobre la interacción entre las experiencias tempranas y el funcionamiento adulto. Durante la infancia, la represión se fundamenta en las interacciones con los cuidadores, las dinámicas familiares y los factores sociales. Los niños que experimentan traumas o entornos adversos pueden desarrollar tendencias represivas intensificadas como mecanismo de afrontamiento para gestionar un sufrimiento emocional abrumador. Esta estrategia adaptativa temprana, si bien inicialmente protectora, puede permear la vida adulta, impactando el comportamiento, las relaciones y el bienestar mental. A medida que las personas transitan hacia la adolescencia y la edad adulta, los patrones de represión establecidos en la infancia continúan ejerciendo su influencia. La transmisión intergeneracional de conductas represivas dentro de las familias refuerza aún más estos patrones, contribuyendo a la perpetuación de mecanismos de afrontamiento desadaptativos. Además, las expectativas sociales y las normas culturales pueden contribuir al reforzamiento de las tendencias represivas, influyendo en cómo las personas expresan y regulan sus emociones. En la edad adulta, la manifestación de la represión puede evolucionar, matizándose e integrándose en la identidad individual. Estos patrones de represión en la edad adulta suelen estar entrelazados con procesos cognitivos y emocionales complejos, que configuran las interacciones interpersonales y la capacidad de autorreflexión. Reconocer el impacto a largo plazo de los orígenes infantiles en la represión es vital para intervenciones terapéuticas personalizadas dirigidas a abordar tendencias represivas profundamente arraigadas.

Instintos de vida versus Instintos de muerte

1. Introducción a la teoría del instinto de Freud:

La conceptualización freudiana de los instintos, profundamente arraigada en las complejidades de la naturaleza humana, revolucionó el campo de la psicología y continúa siendo objeto de profunda investigación académica. Un elemento central de su teoría de los instintos es la afirmación de que el comportamiento humano está influenciado por fuerzas innatas y potentes conocidas como instintos. Estos instintos, según Freud, sirven como los principales determinantes de las acciones y motivaciones individuales. Además, la perspectiva revolucionaria de Freud afirmaba que los instintos están intrínsecamente vinculados a la dinámica de la vida humana, influyendo no solo en los procesos psicológicos, sino también ejerciendo efectos convincentes en las experiencias emocionales y las relaciones interpersonales.

Freud distinguió dos categorías generales de instintos: los que rigen la preservación y propagación de la vida, denominados «eros», y los asociados con las energías destructivas y agresivas inherentes a la naturaleza humana, denominados «tánatos». Las dimensiones multifacéticas de eros abarcan facetas como los deseos sexuales, el afecto y las actividades creativas, mientras que tánatos representa la inclinación a la agresión, la autodestrucción y la cesación definitiva de la vida misma. Estos instintos dualistas, según Freud, rigen el equilibrio entre los impulsos vitales y las tendencias potencialmente autodestructivas en la psique humana.

En esencia, la teoría del instinto de Freud buscaba desentrañar la profunda interacción entre los impulsos biológicos y los complejos mecanismos psicológicos, ofreciendo un marco integral para comprender las complejidades del comportamiento humano. Además, el concepto de los instintos como elementos fundamentales de la naturaleza humana sentó las bases para las posteriores exploraciones de Freud sobre los deseos inconscientes, la represión y los fundamentos de la motivación humana.

2. Instintos de vida - El principio de Eros:

Conocidos como el Principio de Eros, estos instintos vitales se caracterizan por su tendencia a promover comportamientos que sustentan la vida y su preservación. En el núcleo del Principio de Eros reside el impulso innato de supervivencia y procreación, que se manifiesta en diversas formas de comportamiento humano. Freud postuló que estos instintos vitales sirven como impulso para que los individuos busquen el placer, participen en actividades de crianza y formen vínculos sociales. Además, el Principio de Eros abarca no solo la supervivencia física, sino también los aspectos psicológicos y emocionales de la existencia humana. Subraya la propensión hacia la creatividad, el amor y las interacciones constructivas dentro de la sociedad. En esencia, el Principio de Eros encapsula las fuerzas que generan vitalidad, crecimiento y la perpetuación de la especie humana. Un aspecto intrigante del Principio de Eros es su relevancia interdisciplinaria, que se extiende más allá del campo de la psicología para intersectar con las investigaciones filosóficas, sociológicas y biológicas. Esta interconexión resalta el profundo impacto de los instintos de vida en las múltiples facetas de la experiencia humana, arrojando luz sobre la interacción entre las motivaciones individuales y la dinámica social.

3. Instintos de muerte - El principio de Tánatos:

En su exploración del comportamiento y la psique humana, Freud postuló que, junto con los instintos vitales (Eros), los individuos también se ven impulsados por una inclinación innata hacia la agresión y la búsqueda de la muerte (Thanatos). La conceptualización freudiana del principio de Tánatos gira en torno al impulso inherente de autodestrucción y agresión, que se manifiesta de diversas formas en la psique humana. El concepto resalta la naturaleza paradójica de la existencia humana, donde la preservación de la vida coexiste con un impulso inconsciente de aniquilación. Al explorar las profundidades del principio de Tánatos, psicoanalistas y académicos han buscado comprender sus fundamentos y ramificaciones en la configuración de las emociones, motivaciones y dinámicas interpersonales humanas.

El principio de Tánatos se entrelaza con la teoría más amplia de la represión de Freud, explicando cómo esta fuerza destructiva compite con los esfuerzos del ego por mantener el equilibrio y la armonía dentro del individuo. En la intersección de los conflictos internos y las influencias externas, las manifestaciones del instinto de muerte pueden aflorar a través de tendencias agresivas, comportamientos de autosabotaje y deseos subconscientes de cesación. Dichas manifestaciones no solo contribuyen a la lucha interna, sino que también repercuten en las esferas sociales y relacionales, generando potencialmente discordia y disonancia.

Un análisis profundo del principio de Tánatos requiere explorar su interacción con la angustia existencial, el trauma y los estados patológicos. Freud postuló que el instinto de muerte opera en yuxtaposición con los instintos de vida, desempeñando un papel fundamental en la configuración de las experiencias humanas y las respuestas a las adversidades. Mediante estudios de caso e investigación empírica, psicólogos y terapeutas contemporáneos continúan abordando las implicaciones del principio de Tánatos en el ámbito clínico, buscando abordar patrones desadaptativos y mitigar el potencial destructivo arraigado en la psique humana.

4. Contrastes y paralelos:

Eros encarna la fuerza impulsora de la autoconservación y la propagación de la vida. Este instinto vital abarca la búsqueda del amor, la creatividad y la unificación, impulsando a las personas hacia la conectividad y el crecimiento en las esferas social y personal. En contraste, Tánatos encarna la inclinación inherente a la disolución y la cesación. Representa el impulso innato hacia la entropía, la agresión y la destrucción, manifestándose en comportamientos que conducen a la desintegración y la decadencia.

Un marcado contraste surge en los vectores opuestos de Eros y Tánatos: Eros impulsa a los individuos hacia la cohesión y la preservación, mientras que Tánatos los conduce hacia la dispersión y la aniquilación. Esta dicotomía constituye el eje central de la teoría freudiana del instinto, enfatizando la lucha perpetua entre estas fuerzas opuestas dentro de la psique humana.

Sin embargo, un análisis más profundo revela intrigantes paralelismos entre Eros y Tánatos. Ambos instintos ejercen una inmensa influencia sobre las motivaciones y acciones humanas, aunque en direcciones divergentes. Mientras que Eros impulsa la búsqueda de iniciativas que afirman la vida y las conexiones interpersonales, Tánatos subraya la omnipresencia de impulsos destructivos y deseos inconscientes de disolución. Estas dinámicas entrelazadas, pero contradictorias, subrayan las complejidades de la naturaleza humana, representando una interacción constante entre las energías que sustentan y las que la niegan.

El análisis comparativo desentraña las complejidades del conflicto psíquico resultante de la interacción de Eros y Tánatos. Su coexistencia genera conflicto interno y ambivalencia, a medida que los individuos navegan por la tensión entre sus impulsos creativos y conectivos y sus impulsos destructivos y desintegradores. Esta agitación interna, como la planteó Freud, permea diversas facetas de la experiencia humana, moldeando las relaciones, las aspiraciones y el bienestar psicológico.

5. Impulsos instintivos en el comportamiento humano:

Al profundizar en el funcionamiento del comportamiento humano, se hace evidente que los impulsos instintivos desempeñan un papel fundamental en la configuración de nuestras acciones y motivaciones. Estas fuerzas primarias, como postula la teoría del instinto de Freud, se manifiestan en diversas facetas de la existencia humana, influyendo tanto en el comportamiento consciente como en el inconsciente. Las manifestaciones de los impulsos instintivos pueden observarse de múltiples maneras, desde los instintos básicos de supervivencia hasta respuestas y deseos emocionales más complejos. Por ejemplo, el instinto innato de autoconservación a menudo lleva a las personas a priorizar su seguridad y bienestar, guiando sus decisiones y acciones en situaciones potencialmente peligrosas. De igual manera, la búsqueda instintiva del placer, conocida como libido en términos freudianos, alimenta la pasión, la creatividad y las conexiones interpersonales humanas. Esta manifestación de Eros, o el instinto de vida, está entretejida en la estructura del comportamiento humano, orientando las acciones hacia la satisfacción y la plenitud. En contraste, la contraparte más oscura de los impulsos instintivos, representada por Tánatos, el instinto de muerte, se manifiesta en tendencias agresivas, comportamientos autodestructivos y conflictos existenciales.

6. Influencias de la teoría del instinto en el pensamiento psicoanalítico:

El concepto de impulsos instintivos, introducido por Freud, proporcionó un marco para comprender las motivaciones y los conflictos subyacentes que impulsan la conducta humana. Esta conceptualización sentó las bases para el desarrollo de los modelos psicoanalíticos, dilucidando la interacción entre las fuerzas inconscientes y las manifestaciones conscientes.

Una influencia significativa de la teoría del instinto en el pensamiento psicoanalítico se evidencia en la construcción de modelos dinámicos de la mente. La conceptualización freudiana del Ello, el Yo y el Superyó, que formula el modelo estructural de la psique, estuvo fuertemente influenciada por su teoría del instinto. El Ello, que representa los instintos innatos y primarios, refleja directamente la postulación freudiana de los instintos de vida (Eros) y de muerte (Thanatos). Este modelo estructural sigue siendo una piedra angular de la teoría psicoanalítica e informa la comprensión de la dinámica intrapsíquica y la resolución de conflictos.

El énfasis de Freud en el papel de los procesos inconscientes en la configuración del comportamiento y las experiencias mentales encontró eco en desarrollos psicoanalíticos posteriores. La teoría del instinto subrayó la influencia generalizada de los deseos, miedos y conflictos inconscientes en los pensamientos, emociones y comportamientos del individuo. Este reconocimiento sentó las bases para la exploración de los recuerdos reprimidos, los mecanismos de defensa y las representaciones simbólicas en la configuración de los fenómenos psicológicos, enriqueciendo así la profundidad y complejidad de la investigación psicoanalítica.

La incorporación de la teoría del instinto al pensamiento psicoanalítico propició una comprensión más profunda de la psicopatología y las intervenciones terapéuticas. Al delinear la interacción entre las pulsiones instintivas, las experiencias del desarrollo y los conflictos inconscientes, la teoría de Freud contribuyó a la elucidación de diversos mecanismos psicodinámicos subyacentes a los trastornos mentales. La aplicación de este marco teórico inspiró el desarrollo de modalidades de tratamiento psicoanalítico destinadas a desentrañar y abordar los determinantes inconscientes subyacentes del malestar psicológico.

7. Críticas al dualismo instintivo de Freud:

Las críticas al dualismo instintivo de Freud han sido generalizadas en el ámbito académico, en particular entre académicos y profesionales de la psicología. Un punto importante de controversia gira en torno a la naturaleza dicotómica de los instintos de Freud, concretamente Eros y Tánatos, que los críticos consideran excesivamente simplificados. Los críticos argumentan que reducir los instintos humanos a dos fuerzas opuestas ignora la complejidad y diversidad de las motivaciones y los comportamientos humanos. Además, algunos académicos afirman que el concepto de instintos de muerte es inherentemente controvertido y carece de evidencia empírica que respalde su existencia. La polémica del dualismo instintivo de Freud ha dado lugar a debates continuos sobre la validez científica y la aplicabilidad de este marco en la investigación psicológica moderna. Asimismo, los académicos han expresado su preocupación por la aplicabilidad universal de los instintos de Freud en diferentes culturas y sociedades, enfatizando la necesidad de una perspectiva más sensible a las diferencias culturales sobre los impulsos y las motivaciones humanas. Otra crítica destacada se refiere a las implicaciones de género de la teoría freudiana del instinto. Las académicas feministas destacan los sesgos patriarcales inherentes a la conceptualización freudiana de los instintos, en particular la representación de las mujeres como objetos pasivos del deseo masculino. Esta crítica se extiende a las implicaciones más amplias de los instintos freudianos en el reforzamiento de los estereotipos de género y las dinámicas de poder en la sociedad. Además, los críticos han argumentado que el énfasis de Freud en los instintos biológicos ignora la influencia de los factores sociales y ambientales en la configuración del comportamiento humano. Abogan por un enfoque más holístico que integre las influencias socioculturales con los impulsos biológicos para proporcionar una comprensión integral de la motivación humana. Asimismo, los críticos han analizado la naturaleza determinista de la teoría freudiana del instinto, planteando inquietudes sobre su potencial para socavar la autonomía individual y el libre albedrío. Enfatizan la importancia de reconocer el papel de la toma de decisiones consciente y los procesos cognitivos en la configuración del comportamiento humano, cuestionando las implicaciones deterministas de los instintos freudianos.

8. Relevancia de la teoría del instinto en la psicología contemporánea:

Si bien la conceptualización original de Freud sobre los instintos ha enfrentado críticas y escepticismo, también ha sentado las bases para un mayor desarrollo teórico e investigación empírica. Desde una perspectiva evolutiva, el concepto de instintos ofrece valiosas perspectivas sobre el comportamiento y la motivación humanos, arrojando luz sobre los impulsos profundos que sustentan procesos psicológicos complejos. Asimismo, la investigación contemporánea en campos como la psicología evolutiva y la neuropsicología ha resaltado la naturaleza adaptativa de ciertas conductas instintivas, proporcionando un marco para comprender cómo estas tendencias innatas contribuyen a la supervivencia y el éxito reproductivo. Asimismo, la integración de la teoría del instinto con los avances neurocientíficos modernos ha generado evidencia contundente sobre los sustratos neuronales y las bases genéticas de las respuestas instintivas, ofreciendo una perspectiva multidimensional sobre la interacción entre la biología y el comportamiento. Asimismo, la aplicación de la teoría del instinto en la psicología clínica y la psicoterapia ha dado lugar a enfoques innovadores para comprender y abordar diversos desafíos de salud mental. Al reconocer la influencia de las fuerzas instintivas en la regulación emocional, la dinámica del apego y las respuestas al estrés, los profesionales contemporáneos pueden adaptar las intervenciones para que se ajusten mejor a los sistemas motivacionales inherentes de las personas. Además, el resurgimiento del interés en la teoría del instinto ha impulsado a los investigadores a explorar su intersección con otros paradigmas contemporáneos, como la psicología positiva y los enfoques basados en la atención plena. Al dilucidar las interconexiones entre los procesos instintivos y el bienestar subjetivo, las relaciones sociales y las conductas prosociales, los psicólogos han comenzado a apreciar las implicaciones holísticas de la teoría del instinto en el fomento del desarrollo humano. No obstante, el panorama contemporáneo de la psicología también exige un análisis crítico y un perfeccionamiento de la teoría del instinto, integrando perspectivas interdisciplinarias y avanzando en las metodologías para abordar sus limitaciones y ambigüedades. Es importante destacar que reevaluar los sesgos de género y culturales inherentes a las primeras formulaciones de la teoría del instinto es imperativo para cultivar una comprensión más inclusiva y diversificada de los instintos humanos en diversas poblaciones. Por último, en una era como la nuestra, el estudio de los instintos promete arrojar luz sobre los desafíos y oportunidades adaptativos que se presentan en los contextos modernos, ofreciendo una perspectiva a través de la cual comprender la resiliencia y la flexibilidad humanas para afrontar las demandas sociales contemporáneas.

LOS SUEÑOS Y SU INTERPRETACIÓN

La teoría de los sueños de Freud

1. Introducción a la teoría de los sueños de Freud:

Según Freud, los sueños sirven como una vía directa al inconsciente, ofreciendo un acceso directo al funcionamiento de los deseos, miedos y experiencias humanas. Freud postuló que los sueños poseen significados simbólicos y se manifiestan como representaciones de pensamientos y emociones reprimidos, a menudo derivados de conflictos infantiles no resueltos o impulsos subconscientes. Al profundizar en el estudio de los sueños, Freud se propuso desentrañar los misterios de la psique humana, considerándolos como valiosas fuentes de comprensión de los rincones más recónditos del mundo interior. El concepto de cumplimiento de deseos es central en su teoría, proponiendo que los sueños actúan como conductos para la satisfacción de necesidades y deseos insatisfechos, sirviendo como vías para la expresión de impulsos y fantasías reprimidas. La obra seminal de Freud expone las múltiples capas de interpretación que rodean a los sueños, destacando la compleja interacción entre el contenido latente (el significado simbólico subyacente de un sueño) y el contenido manifiesto (su trama superficial y aparente). Además, Freud introdujo el concepto de trabajo onírico, elucidando los procesos psicológicos responsables de transformar la materia prima inconsciente en las narrativas coherentes que se experimentan durante el sueño. Este marco multifacético subraya los mecanismos que intervienen en el campo del sueño, enfatizando la importancia de desentrañar los mensajes presentes en nuestras ensoñaciones nocturnas.

2. La importancia de los sueños en el psicoanálisis:

Desde una perspectiva freudiana, los sueños son la vía principal para descubrir deseos reprimidos, miedos y conflictos no resueltos que influyen en nuestra vida consciente. Comprender la importancia de los sueños en el psicoanálisis implica profundizar en el lenguaje simbólico del subconsciente, donde el contenido latente se disfraza y se expresa a través del contenido manifiesto del sueño. Este proceso de interpretación de los sueños desempeña un papel fundamental para descifrar las complejidades de la psique y el comportamiento humanos. A través del análisis de los sueños, los psicoanalistas buscan desentrañar los misterios de la mente, revelando capas de significado que de otro modo permanecerían inaccesibles. Además, los sueños proporcionan una valiosa perspectiva del mundo interior del individuo, ofreciendo un rico tapiz de simbolismo, metáforas y narrativas que arrojan luz sobre emociones y experiencias profundamente arraigadas. En muchos casos, los sueños actúan como conductos para desenterrar traumas enterrados o conflictos infantiles no resueltos, lo que permite la exploración terapéutica y la sanación. Al analizar la interacción entre los procesos conscientes e inconscientes que se manifiestan en los sueños, el psicoanálisis alcanza una profunda comprensión de la condición humana. La importancia de los sueños en el psicoanálisis va más allá de meros vistazos a las luchas personales; abarca una comprensión más amplia de temas y arquetipos universales que resuenan en distintas culturas y sociedades. Como tal, los sueños sirven de puente entre el inconsciente personal y el colectivo, proporcionando material valioso para explorar símbolos transculturales y motivos mitológicos. En esencia, la importancia de los sueños en el psicoanálisis reside en su capacidad para desentrañar los misterios de la mente humana, sirviendo como un tesoro de perspectivas y revelaciones que enriquecen la práctica de la terapia y la teoría psicoanalíticas.

3. Proceso de trabajo de los sueños:

El proceso de trabajo con los sueños sirve como una ventana al inconsciente, arrojando luz sobre deseos, conflictos y emociones que suelen reprimirse en la vida consciente. Este concepto fundamental abarca una serie de mecanismos y operaciones que transforman la materia prima prohibida en el contenido manifiesto de los sueños. Uno de los elementos centrales de este proceso es la condensación, donde múltiples ideas, sentimientos o experiencias se fusionan en una imagen o símbolo onírico único. Además de la condensación, el desplazamiento desempeña un papel crucial en la formación del sueño, ya que implica el cambio de significado emocional de un elemento a otro dentro de la narrativa onírica. Asimismo, la elaboración secundaria contribuye a la estructura final del sueño al entrelazar elementos dispares en una trama coherente. Comprender el proceso de trabajo con los sueños ofrece una perspectiva de las complejidades de la psique humana y las formas en que los pensamientos y deseos reprimidos pueden manifestarse simbólicamente. A medida que profundizamos en las complejidades del trabajo con los sueños, comenzamos a desentrañar las motivaciones y los conflictos subyacentes que configuran nuestra vida inconsciente, enriqueciendo así nuestra comprensión del Yo y promoviendo la introspección. La conceptualización del proceso de trabajo con los sueños proporciona una puerta de entrada para comprender los mensajes ocultos codificados en nuestros sueños, lo que nos permite explorar el contenido latente que tiene un significado profundo para el crecimiento personal y la comprensión psicológica.

4. Mecanismos de distorsión de los sueños:

Los mecanismos de distorsión de los sueños abarcan una serie de procesos intrincados que configuran el contenido de nuestros sueños. Freud enfatizó la importancia de estos mecanismos para comprender el significado latente de los sueños. Uno de los principales mecanismos de distorsión identificados por Freud es la condensación, donde múltiples pensamientos, ideas o emociones se fusionan en una sola imagen o escenario onírico. Esta condensación de diversos elementos contribuye a la complejidad y el simbolismo que a menudo se encuentran en los sueños.

Otro mecanismo crucial es el desplazamiento, mediante el cual el significado emocional de ciertos pensamientos o deseos se desplaza hacia elementos más benignos o no relacionados dentro del sueño. Este desplazamiento actúa como medida de protección para el soñador, permitiéndole expresar el contenido reprimido sin provocar ansiedad ni resistencia excesivas.

La simbolización desempeña un papel fundamental en la distorsión de los sueños, manifestándose como la transformación del contenido latente en formas simbólicas. Los símbolos en los sueños suelen reflejar significados más profundos y ocultos, y ofrecen una representación encubierta de deseos y conflictos inconscientes. Comprender estos símbolos requiere un análisis minucioso de las experiencias y asociaciones personales del soñador.

La elaboración secundaria es un mecanismo esencial que opera durante la vigilia, cuando el soñador intenta dar coherencia y lógica a los elementos fragmentados e inconexos del sueño. A medida que se relata e interpreta el sueño, la mente se involucra en un proceso de tejer una narrativa cohesiva, a menudo alterando o embelleciendo detalles en el proceso. Esta actividad reflexiva posterior al sueño puede influir en el significado percibido del sueño, destacando la naturaleza dinámica de la interpretación.

5. El principio del cumplimiento de los deseos en los sueños:

Según Freud, los sueños son esencialmente la satisfacción de deseos reprimidos que no podemos expresar durante la vigilia. Estos deseos pueden surgir de experiencias infantiles, conflictos no resueltos o deseos profundamente arraigados. Freud postuló que el inconsciente utiliza los sueños como medio para expresar y satisfacer estos deseos insatisfechos, aunque de forma disimulada y simbólica.

El concepto freudiano de cumplimiento de deseos desafía la visión tradicional de los sueños como sucesos aleatorios o sin sentido durante el sueño. Sugiere que nuestros sueños nos abren una ventana a nuestros deseos y conflictos más íntimos, ofreciendo valiosas perspectivas sobre nuestro panorama psicológico y emocional. Al interpretar el contenido manifiesto de los sueños, los analistas pueden descubrir los deseos latentes entretejidos en la trama de los pensamientos inconscientes.

El principio del cumplimiento de deseos postula que incluso los sueños angustiosos o que provocan ansiedad cumplen la función de satisfacer deseos inconscientes. Según Freud, estos sueños representan el cumplimiento de deseos prohibidos o inaceptables, a menudo envueltos en simbolismo y distorsión para evadir el escrutinio de la conciencia del soñador. Por lo tanto, las pesadillas y los sueños perturbadores no son simplemente producto de la actividad cerebral aleatoria, sino más bien manifestaciones de deseos profundamente arraigados que buscan expresarse.

En la práctica, comprender el cumplimiento de deseos en los sueños subraya el valor del análisis onírico como herramienta terapéutica. Al explorar los deseos subyacentes codificados en los sueños, las personas pueden comprender mejor sus motivaciones subconscientes, lo que facilita el proceso de autodescubrimiento e introspección. Además, los terapeutas pueden aprovechar esta comprensión para guiar a los pacientes en la resolución de conflictos y la superación de emociones reprimidas, promoviendo así el bienestar psicológico y el crecimiento personal.

Los críticos han cuestionado el énfasis de Freud en el cumplimiento de deseos, citando casos en los que los sueños parecen no estar relacionados con deseos conscientes o reflejar experiencias traumáticas. Sin embargo, la perdurable relevancia del cumplimiento de deseos reside en su capacidad para suscitar debates significativos sobre la compleja interacción entre las intenciones conscientes y los anhelos inconscientes.

6. Las implicaciones de la censura en el análisis de los sueños

El análisis de los sueños, según la propuesta de Freud, se adentra en el subconsciente, desvelando deseos, miedos y conflictos ocultos. Un concepto fundamental en este marco es la idea de censura, que desempeña un papel crucial en la configuración del contenido de los sueños y, posteriormente, en su interpretación. La censura en el análisis de los sueños se refiere al mecanismo mediante el cual el inconsciente altera o distorsiona el contenido manifiesto de los sueños para proteger al soñador de la ansiedad o el malestar. Este proceso suele implicar la reubicación, el reemplazo o la omisión de elementos específicos, creando así una representación simbólica de los pensamientos y emociones subyacentes. Comprender las implicaciones de la censura en el análisis de los sueños es esencial para comprender las capas de significado que se encuentran en ellos. Destaca la dinámica entre los procesos conscientes e inconscientes, arrojando luz sobre los mecanismos mediante los cuales la mente se protege de los pensamientos angustiosos o tabú. Además, el estudio de la censura en el análisis de los sueños dilucida la naturaleza elusiva del subconsciente y subraya las complejas formas en que la mente gestiona los conflictos internos. Al examinar cómo opera la censura en los sueños, comprendemos los matices con los que el subconsciente se comunica con la conciencia. Además, analizar la censura en los sueños proporciona una plataforma para explorar las influencias culturales y sociales que moldean nuestras percepciones y valores, ya que estos elementos pueden influir significativamente en la manifestación e interpretación del contenido censurado de los sueños.

7. La relación entre los símbolos oníricos y el subconsciente:

En el análisis freudiano de los sueños, se cree que el significado de los símbolos oníricos es la clave para desentrañar los mensajes del subconsciente. Freud postuló que los sueños suelen estar llenos de representaciones simbólicas de deseos, miedos y conflictos reprimidos de los que el soñador puede no ser consciente. Comprender la relación entre estos símbolos y el subconsciente es fundamental para descifrar los significados ocultos de nuestros sueños.

Se cree que los símbolos oníricos son manifestaciones de procesos psicológicos más profundos. Sirven como un lenguaje a través del cual el inconsciente se comunica con la mente consciente. Según Freud, los símbolos oníricos suelen ser representaciones encubiertas de deseos tabú o problemas emocionales no resueltos. Al descubrir e interpretar estos símbolos, las personas pueden comprender mejor sus pensamientos y emociones más íntimos, arrojando luz sobre aspectos de su psique que antes podrían haber sido inaccesibles.

La interpretación de estos símbolos requiere una profunda comprensión de las experiencias, recuerdos y trasfondo cultural de cada soñador. Si bien ciertos símbolos pueden tener significados universales, como el agua que simboliza el inconsciente o las serpientes que representan la sexualidad, la interpretación específica de un símbolo puede variar considerablemente de una persona a otra. Por lo tanto, profundizar en la relación entre los símbolos oníricos y el subconsciente requiere un enfoque matizado que tenga en cuenta el contexto único de la vida del soñador.

El proceso de descubrir las conexiones entre los símbolos oníricos y el subconsciente implica un análisis y una exploración minuciosos. Esto suele implicar técnicas como la asociación libre, donde el soñador verbaliza sus pensamientos y sentimientos inmediatos al encontrarse con un símbolo en particular. Además, también debe considerarse el simbolismo histórico y cultural, ya que los símbolos pueden tener diferentes significados en distintas sociedades y épocas.

Interpretación de los sueños - Contenido manifiesto y latente

1. Contenido Manifiesto - Narrativa superficial de los sueños:

El contenido manifiesto se refiere a la narrativa literal y superficial de un sueño. Comprende la trama, los personajes, los eventos y los escenarios que predominan en la experiencia onírica. Este componente de los sueños suele ser lo que las personas recuerdan al despertar, ya que aparece más vívido y accesible a la conciencia. Comprender el contenido manifiesto es esencial en el proceso de análisis de los sueños, ya que sirve como base para descifrar e interpretar el contenido latente.

Al profundizar en la comprensión del contenido manifiesto, es crucial considerar los detalles sensoriales y las experiencias perceptivas que se encapsulan en la narrativa onírica. Estos detalles abarcan imágenes visuales, sensaciones auditivas, percepciones táctiles, estados emocionales e incluso elementos olfativos y gustativos que pueden estar presentes en el sueño. Estos componentes sensoriales contribuyen a la riqueza y complejidad del contenido manifiesto, ofreciendo valiosas pistas para interpretar los significados subyacentes del sueño.

El análisis del contenido manifiesto va más allá de la mera observación de la narrativa; requiere una exploración de las emociones, miedos, deseos y conflictos explícitos que se manifiestan en la experiencia onírica. Al examinar minuciosamente el tono emocional y los estados afectivos reflejados en el sueño, los analistas pueden comprender mejor el panorama psicológico interno del soñador e identificar los temas predominantes que podrían subyacer en la manifestación del sueño. Este paso es fundamental para descubrir el significado latente que se esconde tras el barniz simbólico de la narrativa abierta del sueño.

El análisis del contenido manifiesto implica considerar la secuencia temporal y la coherencia de los eventos dentro de la trama onírica. Examinar la secuencia de eventos o las transiciones entre escenas ofrece una valiosa perspectiva sobre la estructura y la organización de la narrativa onírica. Este aspecto no solo ayuda a identificar motivos o patrones recurrentes, sino que también arroja luz sobre los procesos cognitivos del soñador durante el sueño.

Para desentrañar las complejidades del contenido manifiesto se requiere un enfoque atento y matizado, reconociendo que la descripción superficial de la trama del sueño sólo sirve como fachada que oculta significados subyacentes más profundos.

2. Contenido latente - Significados ocultos y simbolismo:

El análisis de los sueños en el contexto del contenido latente profundiza en los significados ocultos y el simbolismo que subyacen a la narrativa superficial del contenido manifiesto. Para comprender el contenido latente de los sueños, es crucial reconocer que los elementos simbólicos, metafóricos y encubiertos suelen tener una gran relevancia psicológica.

Descifrar el contenido latente implica un enfoque multifacético que requiere una comprensión profunda de conceptos psicoanalíticos como los deseos reprimidos, los conflictos no resueltos y los pensamientos inconscientes. La teoría freudiana postula que el contenido latente representa los deseos, impulsos y anhelos inconscientes que se ocultan en el sueño. Estos pueden provenir de experiencias de la primera infancia, instintos primarios, miedos o aspiraciones insatisfechas, todos los cuales se manifiestan simbólicamente en los sueños.

El simbolismo desempeña un papel fundamental en la decodificación del contenido latente, ya que sirve como lenguaje a través del cual el inconsciente comunica sus complejidades más profundas. Este lenguaje simbólico a menudo opera mediante metáforas, analogías y representaciones crípticas, recurriendo a símbolos personales y colectivos que poseen un significado subjetivo para el soñador. Además, los elementos simbólicos del contenido latente pueden trascender las interpretaciones individuales, aprovechando arquetipos universales y motivos culturales que trascienden la experiencia personal.

El proceso de decodificación del contenido latente implica contextualizar las imágenes simbólicas del sueño con las experiencias, emociones y relaciones del soñador en estado de vigilia. Esta contextualización permite explorar los significados, asociaciones y patrones psicológicos subyacentes que se intersecan con las dinámicas conscientes e inconscientes del soñador. Mediante este enfoque contextual, el desciframiento del contenido latente va más allá de la mera identificación de símbolos, hacia una comprensión integral de sus implicaciones psicológicas.

Es fundamental enfatizar que decodificar el contenido latente requiere una apreciación sensible y matizada de la psique y las circunstancias vitales únicas del soñador. Cada soñador posee un reservorio único de experiencias, miedos, deseos y paisajes emocionales, que conforman la riqueza y complejidad de su contenido latente. Por lo tanto, la interpretación del contenido latente exige una interacción dinámica con el soñador, fomentando una exploración colaborativa que respete las complejidades de su mundo interior.

3. Mecanismos que vinculan el contenido manifiesto con el contenido latente:

El vínculo entre el contenido manifiesto y el latente en los sueños revela los mecanismos que sustentan el lenguaje simbólico inconsciente. Como sostenía Freud, el contenido manifiesto es la narrativa literal del sueño, mientras que el contenido latente representa los deseos, miedos y conflictos ocultos, incrustados en forma simbólica. La traducción del contenido manifiesto al latente implica una compleja interacción de procesos cognitivos y representaciones emocionales. Un mecanismo esencial es el desplazamiento, donde el significado emocional de ciertos elementos en un sueño se desplaza hacia imágenes menos amenazantes o más aceptables. Este proceso permite la expresión de pensamientos y emociones profundamente reprimidos de manera disimulada, salvaguardando las defensas psicológicas del soñador. Además, la condensación opera como otro mecanismo vital, donde múltiples elementos y significados se fusionan en un solo símbolo o imagen, abarcando varias capas de significado. A través de esta condensación, los significados latentes se entrelazan con el contenido manifiesto, elevando la riqueza y profundidad del simbolismo onírico. Además, la elaboración secundaria actúa como un mecanismo que conecta lo manifiesto y lo latente, ya que implica la construcción mental posterior al sueño de una narrativa más coherente y lógica a partir de los elementos inconexos del sueño. Este proceso a menudo incorpora preocupaciones y recuerdos actuales, lo que contribuye a la mezcla de contenido manifiesto y latente. Además, la simbolización sirve como un mecanismo fundamental que facilita la transformación de contenido latente en representaciones manifiestas. Los símbolos funcionan como portadores de significados ocultos, permitiendo la expresión de impulsos y conflictos inconscientes profundamente arraigados. Es a través de la identificación e interpretación de estos símbolos que el traductor, ya sea el soñador o el analista, puede desentrañar el contenido latente incrustado en la narrativa manifiesta. Estos mecanismos demuestran colectivamente la complejidad y sofisticación de la formación de los sueños, desenterrando las conexiones sutiles pero profundas entre los campos conscientes e inconscientes de la psique.

4. Representación simbólica:

Si bien el contenido manifiesto constituye la trama y las imágenes que experimenta el soñador, es esencial reconocer que estos elementos sirven como representaciones simbólicas de deseos, conflictos y anhelos latentes subyacentes. La conceptualización freudiana de los sueños como la "vía real hacia el inconsciente" subraya la importancia de profundizar más allá de la narrativa superficial para desvelar los mensajes simbólicos presentes en el contenido onírico.

El proceso de traducir lo latente a lo manifiesto implica descifrar los símbolos y metáforas disimulados presentes en el sueño. Estos símbolos suelen derivar su significado de experiencias personales, influencias culturales y asociaciones inconscientes propias del soñador. Por consiguiente, el descubrimiento de representaciones simbólicas requiere un análisis minucioso de la narrativa onírica en relación con la historia personal y la dinámica psicológica del soñador. A través de este marco interpretativo, se puede revelar que elementos oníricos aparentemente mundanos o extraños poseen un profundo significado al representar conflictos e impulsos inconscientes.

La interpretación de la representación simbólica se basa en gran medida en la exploración de motivos y temas recurrentes en los sueños de un individuo. Freud postuló que ciertos símbolos y temas tienen significados consistentes en diferentes culturas, como el agua que representa el inconsciente o las serpientes que simbolizan los deseos sexuales reprimidos. Sin embargo, también enfatizó la naturaleza subjetiva del simbolismo, destacando la importancia de considerar cada sueño en el contexto de las experiencias y la psique únicas del soñador.

Freud elucida el concepto de condensación como mecanismo principal subyacente a la representación simbólica, donde múltiples pensamientos, emociones o impulsos latentes se condensan en un único elemento manifiesto. Esta condensación a menudo resulta en la amalgama de diversos significados en un símbolo o imagen singular, lo que convierte el desentrañar el contenido latente en una tarea compleja pero enriquecedora. Además, el desplazamiento contribuye al proceso de representación simbólica al desplazar el significado emocional de un elemento a otro dentro del sueño, enmascarando así la verdadera fuente del conflicto o deseo.

5. Técnicas freudianas para descubrir contenido latente:

El análisis freudiano de los sueños se basa en el reconocimiento de que los sueños sirven como conductos hacia el inconsciente, donde residen los deseos, las ansiedades y los conflictos reprimidos. Descubrir el contenido latente de los sueños requiere un enfoque matizado, basado en diversas técnicas desarrolladas por Sigmund Freud y posteriormente ampliadas por sus seguidores. Entre ellas, la asociación libre se erige como un método fundamental, permitiendo a las personas verbalizar sus pensamientos y sentimientos sin censura. Al explorar las asociaciones del flujo de conciencia del paciente con los elementos del sueño, los analistas pueden desentrañar los significados y símbolos subyacentes incrustados en la narrativa onírica. Este proceso a menudo revela emociones reprimidas y problemas no resueltos, arrojando luz sobre la psique interna del individuo. Además, la aplicación de la técnica de interpretación de los sueños a través del simbolismo psicoanalítico permite al analista descifrar metáforas y símbolos complejos presentes en el sueño. Freud enfatizó la importancia de los símbolos universales, como el agua, los animales o ciertos objetos, que pueden tener un profundo significado específico para el soñador. Otra herramienta fundamental para descubrir el contenido latente consiste en explorar los mecanismos de resistencia y defensa del soñador que se manifiestan durante el análisis. La resistencia, identificada por Freud, sirve como indicador de áreas donde el soñador puede ser reacio a confrontar verdades o emociones incómodas. Comprender y abordar esta resistencia puede iluminar capas más profundas del contenido latente del sueño. Además, Freud introdujo el concepto de trabajo con los sueños, describiendo procesos específicos mediante los cuales la mente transforma el contenido latente en representaciones simbólicas dentro de los sueños. Estos procesos abarcan la condensación, el desplazamiento, la simbolización y la elaboración secundaria, cada uno de los cuales contribuye a la distorsión y el camuflaje de los deseos y conflictos reprimidos en el sueño manifiesto. Por último, las dinámicas de transferencia y contratransferencia desempeñan un papel crucial para desentrañar el contenido latente, ya que las propias reacciones y emociones del analista hacia el soñador pueden ofrecer valiosas perspectivas sobre las dinámicas inconscientes en juego. Cultivar la conciencia de estos patrones de transferencia permite a los analistas navegar por las complejidades de la relación soñador-analista, descubriendo capas más profundas del contenido latente del sueño.

6. Desafíos para distinguir el contenido manifiesto del latente:

Distinguir entre contenido manifiesto y latente en el análisis de sueños plantea varios desafíos importantes. En primer lugar, el proceso de descubrir contenido latente requiere una interpretación y comprensión expertas del simbolismo, lo que lo hace inherentemente subjetivo. Esta subjetividad abre la puerta a posibles interpretaciones erróneas o sesgos, ya que los analistas pueden imponer sus propias perspectivas sobre el material onírico. Además, los sueños suelen contener elementos fragmentados, inconexos y distorsionados, lo que complica aún más la diferenciación entre contenido manifiesto y latente. Además, la naturaleza del contenido latente, al estar arraigado en el inconsciente, implica que puede no ser siempre completamente accesible o fácilmente discernible, lo que añade otra capa de complejidad al análisis. Asimismo, las diferencias culturales e individuales en simbolismo y significado pueden introducir ambigüedad en el proceso de interpretación, ya que los símbolos y temas pueden tener un significado variable en diferentes contextos y contextos. Además, el desafío de distinguir entre contenido manifiesto y latente se ve agravado por la naturaleza dinámica del inconsciente, donde múltiples capas de significado y deseos ocultos pueden converger en una sola narrativa onírica. Por último, la dicotomía entre contenido manifiesto y latente no siempre es clara, ya que ambos aspectos a menudo se entrelazan y se superponen, difuminando la distinción entre ellos. Estos desafíos subrayan las complejidades que implica navegar por el complejo terreno del análisis de los sueños, instando a los analistas a abordar el proceso con cautela, apertura y conciencia de las complejidades inherentes.

7. Integración con la teoría psicoanalítica más amplia:

Al mirar a través de la lente de la teoría psicoanalítica, el análisis de los sueños se convierte en un medio para descifrar las manifestaciones subconscientes de estos deseos reprimidos, miedos y conflictos no resueltos dentro de la estructura psíquica del individuo.

Uno de los principios centrales de la teoría psicoanalítica, integrada en el análisis de los sueños, es el concepto de determinismo psíquico. Este principio sugiere que todos los eventos psicológicos, incluidos los sueños, no son aleatorios, sino que tienen causas y motivaciones subyacentes. Según esta perspectiva, los sueños se consideran representaciones simbólicas de deseos e impulsos inconscientes que buscan expresarse. Al comprender la interacción entre los procesos conscientes e inconscientes, la teoría psicoanalítica ofrece un marco para analizar las complejidades dinámicas inherentes al contenido onírico.

Otro aspecto fundamental de la integración con la teoría psicoanalítica más amplia consiste en explorar la influencia de los mecanismos de defensa en la manifestación de los sueños. Freud propuso que estos mecanismos sirven para proteger al individuo de la ansiedad reprimiendo los pensamientos y emociones amenazantes en el inconsciente. El análisis de los sueños, dentro del marco psicoanalítico, profundiza en el descubrimiento de cómo operan estos mecanismos de defensa en las narrativas oníricas, arrojando luz sobre los conflictos psicológicos subyacentes y su posterior representación en el contenido manifiesto y latente.

La integración del análisis de los sueños con la teoría psicoanalítica proporciona una plataforma para examinar la interconexión entre el inconsciente individual y el colectivo. A partir de las contribuciones de Carl Jung al psicoanálisis, el concepto de arquetipos y el inconsciente colectivo enriquece la comprensión del simbolismo onírico y su significado universal. Mediante esta integración, el análisis de los sueños trasciende la historia personal del individuo y aprovecha el reservorio compartido de símbolos e imágenes arquetípicas que sustentan la experiencia humana a través de culturas y épocas.

Temas, símbolos y arquetipos comunes en los sueños

1. El papel de la cultura en el simbolismo:

El entramado de creencias, tradiciones y narrativas culturales se abre paso en el subconsciente, impregnando los sueños de símbolos que reflejan valores sociales, mitologías y experiencias colectivas. En muchas culturas, los símbolos están imbuidos de significados específicos que resuenan profundamente en la psique, conformando un lenguaje compartido del inconsciente. Estos símbolos a menudo se nutren de acontecimientos históricos, iconografía religiosa, folclore y el inconsciente colectivo, creando una rica reserva de imágenes que se manifiestan en los sueños. Es fundamental reconocer que el simbolismo cultural no es estático, sino que evoluciona dinámicamente con el tiempo, influenciado por los cambios geopolíticos, la globalización y los intercambios interculturales. Comprender los matices del simbolismo cultural requiere explorar las prácticas, ritos y sistemas de creencias indígenas, lo que proporciona valiosas perspectivas sobre la importancia de los símbolos oníricos en contextos culturales específicos. Además, la interpretación de los símbolos debe abordarse con sensibilidad, consciente de cómo los trasfondos culturales pueden influir profundamente en su significado. La diversidad cultural contribuye al caleidoscopio del simbolismo onírico, ilustrando cómo los símbolos pueden variar ampliamente en diferentes contextos culturales, a la vez que comparten raíces arquetípicas subyacentes. Además, examinar la influencia de la cultura en los sueños enriquece nuestra comprensión de la psique humana, arrojando luz sobre la interconexión de las experiencias individuales y colectivas.

2. Arquetipos universales - Patrones en diferentes culturas:

A lo largo de la historia, diversas culturas han compartido un hilo conductor en los símbolos y arquetipos que se manifiestan en sus sueños. Estos arquetipos universales representan experiencias y emociones humanas fundamentales, trascendiendo fronteras geográficas y culturales. Al explorar los arquetipos universales, se hace evidente que ciertos símbolos tienen significados similares en diversas sociedades, lo que refleja el inconsciente colectivo que comparte la humanidad.

Un arquetipo universal prominente es el tema del viaje del héroe, un patrón narrativo presente en mitos y leyendas de todo el mundo. El viaje del héroe representa el proceso transformador de afrontar desafíos, superar la adversidad y alcanzar el crecimiento personal y la iluminación. Ya sea representado como un guerrero ancestral o como un protagonista moderno, el viaje del héroe resuena profundamente en la psique humana, simbolizando nuestra búsqueda innata de autodescubrimiento y propósito.

El arquetipo de la figura materna protectora es omnipresente en sueños de diversos orígenes culturales. Este símbolo maternal encarna la crianza, la protección y el amor incondicional, representando la fuente primordial de sustento y seguridad emocional. Independientemente de las diferencias culturales, la presencia del arquetipo materno en sueños refleja el anhelo universal de consuelo, guía y apoyo emocional.

Otro arquetipo predominante en diversas culturas es la sombra, que representa los aspectos más oscuros y reprimidos del Yo. A menudo representada como una figura malvada o amenazante en sueños, el arquetipo de la sombra encapsula la agitación interna y los conflictos no resueltos en el subconsciente de una persona. Al reconocer e integrar el aspecto de la sombra, las personas pueden emprender un viaje hacia la autoaceptación y la plenitud, trascendiendo las limitaciones personales y abrazando su dualidad intrínseca.

Además, el arquetipo del anciano sabio o anciana surge constantemente en diversas narrativas oníricas culturales. Esta venerada figura encarna la sabiduría, la mentoría y la comprensión espiritual, sirviendo como guía para quienes buscan la iluminación y la comprensión. Ya sea personificado como un sabio, un anciano o un ser místico, el arquetipo del anciano sabio y mentor encapsula la aspiración colectiva a la iluminación y la plenitud espiritual, trascendiendo las disparidades generacionales y culturales.

3. Temas comunes en el contenido de los sueños:

Los sueños suelen presentar motivos recurrentes que trascienden las fronteras culturales y reflejan experiencias y emociones humanas universales. Un tema predominante es la experiencia de caer, que se ha interpretado como una metáfora de la pérdida de control, el miedo al fracaso o la necesidad de arraigo. Otro elemento onírico común es la persecución, que simboliza la evitación de la confrontación, sentimientos de persecución o conflictos no resueltos. Estos temas universales en el contenido onírico subrayan la interconexión de las experiencias humanas y el simbolismo compartido que impregna nuestro subconsciente. Además, los sueños suelen presentar escenarios en los que las personas se encuentran en lugares o situaciones desconocidos, lo que puede significar un deseo de exploración, adaptación al cambio o la presencia de ansiedades subyacentes. Asimismo, la presencia de imágenes relacionadas con el agua, como océanos, ríos o inundaciones, suele encapsular emociones, deseos inconscientes y el flujo y reflujo de las experiencias vitales. La recurrencia de estos temas en el contenido onírico enfatiza su importancia para comprender los procesos psicológicos y los paisajes emocionales. Es fundamental reconocer que, si bien estos temas pueden tener relevancia universal, su interpretación también puede verse profundamente influenciada por experiencias, creencias y trasfondos culturales individuales. Por lo tanto, es crucial un enfoque matizado en el análisis de los sueños, considerando tanto el simbolismo compartido como los contextos personales.

4. Representación simbólica del inconsciente:

La representación simbólica del inconsciente en los sueños es un concepto central en el análisis freudiano de los sueños. Esta noción enfatiza que los sueños actúan como un lenguaje simbólico a través del cual el inconsciente se comunica con la mente consciente. El simbolismo onírico refleja los pensamientos, deseos, miedos y emociones profundamente arraigados y a menudo ocultos que residen en el inconsciente. Estos símbolos no son arbitrarios, sino que tienen un significado personal para el soñador, a menudo arraigado en sus experiencias vitales y su estructura psicológica únicas. El inconsciente utiliza el simbolismo como forma de expresar ideas complejas y abstractas que pueden ser difíciles de transmitir de forma literal. Comprender la representación simbólica del inconsciente requiere una interpretación cuidadosa y matizada, profundizando en las imágenes oníricas para desvelar los significados subyacentes. Al explorar el contenido simbólico de los sueños, las personas pueden comprender mejor sus pensamientos y sentimientos subconscientes, lo que ofrece una puerta de entrada al autodescubrimiento y la introspección. Es esencial reconocer que la representación simbólica en los sueños es altamente individualizada y está determinada por la historia personal, la cultura y las dinámicas psicológicas. Por lo tanto, el análisis de los sueños requiere una profunda comprensión del contexto del soñador y una sensibilidad a las capas de simbolización. Además, el simbolismo onírico suele evolucionar con el tiempo y su significado puede cambiar según las circunstancias vitales o el estado psicológico del soñador. La representación simbólica del inconsciente invita a explorar la rica complejidad de la experiencia humana, revelando la interconexión entre nuestro yo consciente e inconsciente. A través del análisis y la interpretación, el simbolismo onírico ofrece una ventana a las profundidades de la psique, ofreciendo profundas revelaciones y facilitando el crecimiento personal.

5. Género, identidad e interpretación simbólica:

El análisis freudiano de los sueños postula que el contenido onírico suele reflejar conflictos psicológicos, deseos y miedos subyacentes relacionados con el género y la identidad. Los símbolos y temas que se manifiestan en los sueños pueden proporcionar información crucial sobre la autopercepción que una persona tiene de sí misma y sobre los constructos sociales asociados con el género y la identidad.

En el análisis de sueños, la exploración de símbolos relacionados con el género implica descifrar la representación de los atributos masculinos y femeninos en el contexto onírico. Estos símbolos pueden abarcar roles de género tradicionales, estereotipos o experiencias personales vinculadas a la identidad de género. Por ejemplo, los sueños recurrentes que presentan actividades o interacciones específicas de género pueden indicar conflictos o aspiraciones no resueltos relacionados con los roles de género.

Los sueños suelen incorporar simbolismo relacionado con la identidad sexual, la orientación y la expresión de género. Las personas pueden soñar con escenarios o encuentros transformadores que reflejan sus luchas internas o la evolución de su comprensión de su género e identidad sexual. Estos símbolos invitan a la introspección y pueden revelar inquietudes subconscientes sobre la aceptación social, la autoaceptación o la negociación de la propia identidad auténtica.

Más allá del simbolismo individual, el contexto cultural e histórico más amplio influye significativamente en la interpretación de los temas de género en los sueños. Las normas culturales y las expectativas sociales respecto a los roles, las relaciones y las expresiones de género se infiltran en el subconsciente, moldeando el lenguaje simbólico de los sueños. Por lo tanto, un análisis exhaustivo de las imágenes oníricas requiere considerar los marcos sociales que sustentan las percepciones de género e identidad.

Además, la interseccionalidad del género, la raza, la etnia y otros aspectos de la identidad enriquece aún más el panorama simbólico de los sueños. Los sueños que involucran intersecciones de múltiples identidades iluminan la interacción entre las influencias inconscientes sociales, personales y colectivas en la psique de un individuo. Comprender estas intersecciones proporciona una perspectiva matizada sobre cómo los sueños reflejan y responden a las complejidades de la identidad.

6. Animales y naturaleza - Simbolismo intrínseco:

A lo largo de la historia y en diversas culturas, los animales y los elementos de la naturaleza han tenido profundos significados simbólicos que a menudo se reflejan en la estructura de nuestros sueños. Comprender el simbolismo intrínseco de los animales y la naturaleza puede proporcionar información invaluable sobre el inconsciente y su funcionamiento. En muchos sistemas de creencias, los animales son vistos como guías espirituales o tótems, que representan cualidades e instintos inherentes a nosotros. Cuando aparecen en sueños, pueden transmitir mensajes sobre nuestros deseos, miedos y aspiraciones más profundos. De igual manera, la representación de elementos naturales como bosques, océanos o montañas en sueños suele reflejar nuestros paisajes emocionales y las fuerzas que actúan en nuestra psique. Explorar el simbolismo animal y natural en los sueños requiere un examen profundo de los contextos culturales y personales en los que se manifiestan estos símbolos. Dicho análisis implica comprender el significado único que se atribuye a animales y elementos naturales específicos en diferentes culturas y mitologías. Por ejemplo, la serpiente puede simbolizar la transformación y el renacimiento en algunas culturas, mientras que evoca miedo y peligro en otras. Además, no se puede pasar por alto el impacto de las experiencias personales en el simbolismo de los animales y la naturaleza. Un animal en particular, con un significado personal debido a una experiencia positiva o negativa, puede aparecer en sueños para transmitir mensajes o emociones específicas. Como analistas de sueños, es crucial profundizar en las asociaciones subjetivas que las personas tienen con los animales y la naturaleza para desentrañar los matices de significado presentes en sus sueños.

7. Impacto de las experiencias personales en los símbolos oníricos:

Al examinar los símbolos oníricos, es crucial considerar la historia y los recuerdos únicos del soñador, ya que estas experiencias suelen manifestarse simbólicamente en sus sueños. Experiencias personales como traumas, logros, pérdidas o relaciones pueden influir profundamente en los símbolos que aparecen en los sueños.

Freud argumentó que los sueños reflejan deseos y conflictos inconscientes, intrínsecamente vinculados a las experiencias personales. Por ejemplo, una persona con una infancia difícil puede encontrar con frecuencia representaciones simbólicas de miedo, abandono o vulnerabilidad en sus sueños. Por el contrario, las experiencias y los logros positivos pueden manifestarse como símbolos de éxito, alegría o plenitud en el paisaje onírico. Estos símbolos personalizados ofrecen información valiosa sobre el estado emocional y psicológico del soñador, y sirven como medio para explorar problemas no resueltos y motivaciones ocultas.

Las influencias culturales, sociales y familiares desempeñan un papel fundamental en la configuración de las experiencias personales y, por extensión, del simbolismo presente en los sueños. Las normas culturales, las creencias religiosas y las dinámicas familiares contribuyen a la formación de símbolos únicos en el mundo onírico. Comprender el contexto de estas experiencias es esencial para desentrañar el significado de los símbolos oníricos específicos.

Es importante destacar que la interpretación de las experiencias personales dentro de los símbolos oníricos requiere un enfoque sensible y matizado. Por ello, profesionales capacitados, como psicoanalistas o terapeutas, cuentan con la experiencia necesaria para guiar a las personas en la exploración y comprensión de sus símbolos oníricos en relación con sus experiencias personales.

8. Motivos recurrentes y su significado:

Los símbolos, imágenes o temas recurrentes suelen tener un profundo significado y pueden ofrecer valiosas perspectivas sobre el inconsciente de una persona. Analizar motivos recurrentes implica profundizar en su significado, comprender sus contextos y explorar sus conexiones con las experiencias vitales del soñador.

Al encontrar motivos recurrentes en el contenido onírico, es fundamental considerar tanto los símbolos específicos como los patrones en los que aparecen. Al examinar estos motivos en el contexto más amplio de la narrativa onírica, se pueden desentrañar sus mensajes e implicaciones subyacentes. Además, la intensidad emocional asociada a estos motivos puede proporcionar indicadores clave de su importancia en la psique del soñador.

La interpretación profunda de los motivos recurrentes requiere un enfoque multidimensional. Implica explorar el simbolismo histórico, cultural y personal asociado a estos motivos. Por ejemplo, símbolos comunes como el agua, los puentes o los animales pueden tener diversos significados en diferentes culturas y épocas. Comprender estas variaciones ayuda a contextualizar los motivos oníricos dentro del contexto cultural y personal único del soñador.

Considerar la frecuencia y las variaciones de estos motivos en múltiples sueños puede arrojar luz sobre su significado evolutivo. La recurrencia de símbolos específicos a lo largo del tiempo puede reflejar preocupaciones persistentes, problemas sin resolver o deseos profundamente arraigados en el subconsciente del soñador. Esta perspectiva subraya la importancia de reconocer patrones y cambios en la manifestación de estos motivos en diversos sueños.

Es crucial abordar el análisis de los motivos recurrentes con sensibilidad y empatía. Las imágenes oníricas de cada individuo son profundamente personales y reflejan sus pensamientos y sentimientos más íntimos. Por lo tanto, una actitud imparcial y abierta es indispensable al interpretar estos elementos simbólicos. Como analistas de sueños, debemos comprender la complejidad y la riqueza de estos motivos, reconociendo que su significado trasciende las interpretaciones superficiales.

PRINCIPALES CRÍTICAS A LA TEORÍA FREUDIANA

La validez científica del psicoanálisis

El psicoanálisis, piedra angular de la teoría freudiana, ha sido objeto de un profundo escrutinio en cuanto a su validez científica dentro del campo de la psicología. Los críticos argumentan que su base clínica y teórica carece de rigor empírico y presenta numerosos desafíos metodológicos. Esta afirmación plantea interrogantes fundamentales sobre el estatus científico de los conceptos y técnicas psicoanalíticas. La complejidad radica en que, si bien el psicoanálisis opera en un contexto terapéutico, también se presenta como un marco explicativo para comprender la conducta, la cognición y la emoción humanas. Por lo tanto, la validez científica del psicoanálisis tiene implicaciones significativas para su credibilidad y aplicabilidad en la psicología contemporánea. Los defensores del psicoanálisis afirman que su enfoque principal en los procesos inconscientes, las dinámicas interpersonales y las experiencias tempranas de la vida proporciona perspectivas únicas sobre la psicología humana que no pueden abordarse adecuadamente solo con los métodos experimentales tradicionales. Argumentan que la riqueza de los datos clínicos y la exploración profunda de la psique humana a través del proceso terapéutico ofrecen valiosas contribuciones a la comprensión de los fenómenos psicológicos. Sin embargo, los críticos sostienen que la falta de definiciones operativas, medidas cuantificables y hallazgos replicables en la investigación psicoanalítica tradicional plantea desafíos significativos a su prestigio científico. Además, la dependencia de interpretaciones subjetivas e informes introspectivos plantea inquietudes sobre la objetividad y confiabilidad de la evidencia psicoanalítica. Asimismo, la introducción de la neurociencia y las técnicas de neuroimagen ha impulsado una reevaluación de los fundamentos biológicos de los procesos psicológicos, cuestionando algunas de las premisas fundamentales del psicoanálisis. A pesar de estas críticas, los defensores del psicoanálisis están integrando cada vez más enfoques interdisciplinarios, incorporando hallazgos de la ciencia cognitiva, la psicología social y la psicología del desarrollo para reforzar la base científica de los principios psicoanalíticos. Al adoptar metodologías de investigación innovadoras y abrazar la validación empírica, buscan abordar las críticas de larga data y mejorar el prestigio científico del psicoanálisis.

Desafíos en la verificación empírica

Si bien el psicoanálisis ha influido enormemente en la comprensión de la mente humana, su validación empírica presenta numerosos desafíos. Uno de los principales reside en la naturaleza subjetiva inherente de las interpretaciones psicoanalíticas. A diferencia de los fenómenos físicos, que pueden evaluarse y medirse con objetividad, los procesos mentales son altamente individualizados y resistentes a la observación empírica estandarizada. Esto ha llevado a los críticos a cuestionar el rigor científico del psicoanálisis y su capacidad para cumplir con los criterios de verificación empírica. Además, la naturaleza retrospectiva de gran parte de la evidencia utilizada en psicoanálisis, como los recuerdos de la infancia o el contenido de los sueños, introduce considerables dificultades metodológicas. La dependencia de los autoinformes y la interpretación plantea dudas sobre la precisión y la fiabilidad, lo que pone en duda la validez de los hallazgos empíricos. Asimismo, la falta de medidas empíricas universalmente aceptadas para conceptos como el Ello, el Yo, el Superyó y los mecanismos de defensa dificulta los intentos de evaluación cuantitativa. La interacción entre los motivos inconscientes y la conducta consciente complica aún más el diseño experimental y el control necesarios para una evaluación empírica rigurosa. Además, la naturaleza dinámica y evolutiva de la psicología humana implica que los hallazgos experimentales pueden estar sujetos a la variabilidad temporal y contextual, lo que dificulta la replicación y la generalización. A pesar de estos desafíos, los defensores del psicoanálisis argumentan que centrarse en las experiencias internas y las percepciones subjetivas aporta una valiosa profundidad a la investigación psicológica. Destacan la importancia del análisis cualitativo y enfatizan las limitaciones de reducir las experiencias humanas complejas a medidas cuantitativas únicamente. No obstante, resolver el dilema de la verificación empírica sigue siendo una tarea crucial para la pertinencia y la aceptación continuas de la teoría freudiana en el marco de la psicología moderna.

El debate sobre el desarrollo sexual y su papel central

El desarrollo sexual ocupa un lugar central en la teoría freudiana, donde las etapas del desarrollo psicosexual (oral, anal, fálico, de latencia y genital) se consideran determinantes cruciales de la personalidad y el bienestar psicológico del individuo. Sin embargo, el énfasis de Freud en los impulsos sexuales como la principal fuerza impulsora del comportamiento humano ha suscitado considerable debate y controversia en el campo de la psicología.

Diversos argumentos cuestionan la noción del desarrollo sexual como una influencia predominante en la formación de la psicología humana. Los críticos argumentan que el enfoque exclusivo de Freud en las experiencias sexuales descuida otros factores vitales que contribuyen a la formación de la personalidad, como las influencias sociales y ambientales, los procesos cognitivos y las diferencias individuales. Además, la investigación contemporánea ha arrojado luz sobre la complejidad del desarrollo humano, destacando la naturaleza multifacética de las influencias que moldean la psique de un individuo.

Los críticos han expresado su preocupación por la aplicabilidad universal de las etapas freudianas del desarrollo psicosexual, destacando las variaciones culturales y los diversos sistemas de valores en todo el mundo. La suposición de una progresión lineal e invariable a través de estas etapas no contempla la rica diversidad de experiencias humanas y expresiones de la sexualidad en diferentes sociedades y períodos históricos.

La naturaleza de género de las teorías de Freud ha sido objeto de un intenso escrutinio, en particular en relación con la representación de las mujeres. Los críticos argumentan que la teoría freudiana perpetúa el sesgo de género y refuerza los estereotipos tradicionales al presentar a las mujeres como seres inferiores o pasivos, impulsados por la carencia o la envidia. El enfoque en la experiencia masculina como norma y la relegación de las experiencias femeninas a un estatus derivado o patológico han contribuido a un discurso polémico en torno a la representación de género en la teoría psicoanalítica.

A pesar de estas críticas, los defensores de la teoría freudiana argumentan que el énfasis en el desarrollo sexual aporta valiosas perspectivas para comprender las motivaciones y los conflictos humanos. Sostienen que, si bien reconocen las limitaciones y los sesgos inherentes a la obra de Freud, las ideas centrales de su teoría siguen ofreciendo un rico marco conceptual para explorar las complejidades de la naturaleza humana y los fenómenos psicológicos.

Sesgo de género y la representación de las mujeres

A lo largo de la historia de la teoría freudiana, ha existido un debate generalizado en torno a los prejuicios de género y la representación de la mujer en los conceptos psicoanalíticos. Una de las principales áreas de controversia reside en el énfasis inicial de Freud en el desarrollo psicosexual femenino, en particular sus controvertidas teorías relacionadas con la envidia del pene y el complejo de Edipo en las niñas. Los críticos han argumentado que las interpretaciones de Freud sobre la psicología femenina eran fundamentalmente sesgadas y carecían de base empírica, ya que parecían reflejar las visiones patriarcales predominantes en su época. La representación de las mujeres como inherentemente envidiosas de la anatomía masculina y obsesionadas con las figuras masculinas en su desarrollo temprano ha suscitado importantes inquietudes éticas y teóricas en el campo de la psicología.

La conceptualización de Freud sobre el rol de la mujer en la sociedad y la estructura familiar también ha sido criticada por perpetuar los estereotipos tradicionales de género. Sus teorías sobre el supuesto deseo innato de las mujeres de una maternidad pasiva y la ansiedad de castración subyacente han sido cuestionadas por ignorar las diferencias individuales y reforzar las normas de género restrictivas. El impacto perdurable de estas ideas en la cultura popular y las creencias sociales ha sido objeto de análisis académico, destacando las profundas consecuencias de los sesgos de género arraigados en la teoría freudiana.

La representación de las mujeres en el análisis de los sueños y la interpretación simbólica ha sido objeto de fuertes críticas. La noción freudiana del simbolismo onírico a menudo representaba a las mujeres como símbolos de tentación, seducción o cuidado maternal, lo que reflejaba sesgos inherentes y cosificación. La naturaleza ambigua de los símbolos oníricos y su interpretación complica aún más el asunto, ya que abre camino a proyecciones subjetivas de sesgo de género en las narrativas oníricas. Esta intersección entre el sesgo de género y el análisis simbólico subraya la necesidad de una reevaluación crítica de los conceptos freudianos en el discurso psicológico contemporáneo.

Al abordar estas críticas, académicos y profesionales modernos han buscado reevaluar y reformular los conceptos freudianos para armonizarlos con la comprensión contemporánea del género y la sexualidad. Al reconocer el contexto histórico de la obra de Freud y las influencias socioculturales prevalecientes en su época, se han realizado esfuerzos para desarrollar marcos más inclusivos y sensibles para comprender la psicología humana. Las revisiones de la teoría psicoanalítica han buscado deconstruir los sesgos de género y promover perspectivas diversas que reconozcan la complejidad de las experiencias humanas, trascendiendo las representaciones estrechas y prejuiciosas de los roles de género dentro de la psique.

La complejidad y ambigüedad de los símbolos en los sueños

Dentro de la teoría freudiana, los sueños se consideran manifestaciones de deseos y ansiedades reprimidos, a menudo expresados mediante símbolos que pueden parecer enigmáticos o ambiguos a la mente consciente. La interpretación de los símbolos oníricos presenta un desafío significativo debido a su complejidad y a la naturaleza profundamente personal de sus significados. Las representaciones simbólicas en los sueños pueden variar ampliamente según factores culturales, históricos e individuales, lo que complica aún más el proceso de descifrar su significado.

La ambigüedad de los símbolos oníricos trasciende las variaciones culturales y abarca asociaciones idiosincrásicas propias de cada soñador. Si bien arquetipos establecidos como las serpientes, el agua o el vuelo pueden tener interpretaciones convencionales en ciertos contextos culturales, las experiencias y recuerdos personales específicos del soñador desempeñan un papel fundamental en la configuración del significado asociado a estos símbolos. Como resultado, un mismo símbolo puede evocar emociones o connotaciones muy diferentes para personas con diversos orígenes o predisposiciones psicológicas. Comprender y desentrañar estos matices de simbolismo exige un enfoque multifacético que combine la introspección psicológica, la conciencia cultural y la empatía por las experiencias subjetivas del soñador.

El análisis de los símbolos oníricos requiere sensibilidad hacia el contexto más amplio de la narrativa onírica y las experiencias de vigilia del individuo. Los símbolos oníricos no existen de forma aislada, sino que se entrelazan con la trama de la trama onírica y las realidades vividas del soñador. Profundizar en la complejidad de estos símbolos implica desentrañar capas de significado metafórico, a menudo entrelazadas con conflictos, aspiraciones y miedos subconscientes. Es a través de esta exploración meticulosa que los psicoanalistas buscan esclarecer el contenido latente de los sueños, ofreciendo perspectivas sobre el funcionamiento del inconsciente.

Relativismo cultural y aplicación universal

El relativismo cultural plantea un desafío significativo a la aplicabilidad universal de la teoría freudiana, en particular en la interpretación de los fenómenos inconscientes y las dinámicas psicológicas. Este punto de vista afirma que el comportamiento humano y los procesos mentales no pueden evaluarse independientemente de sus contextos culturales, enfatizando la diversidad de prácticas, normas y valores culturales en diferentes sociedades. Desde esta perspectiva, se cuestiona la validez y relevancia de conceptos freudianos como el complejo de Edipo, la libido y la represión, ya que podrían no coincidir con las experiencias y sistemas de creencias de individuos de diversos orígenes culturales.

Los críticos argumentan que el énfasis en las interpretaciones y observaciones clínicas occidentales de Freud y sus contemporáneos ha limitado la generalización de los principios psicoanalíticos. Además, los relativistas culturales sostienen que la aplicación de la teoría freudiana en culturas no occidentales corre el riesgo de imponer ideas y marcos foráneos a la comprensión nativa de la psique, lo que da lugar a interpretaciones erróneas y malentendidos. Esta postura fomenta una reevaluación de las teorías y métodos psicológicos en un contexto cultural e intercultural más amplio, reconociendo la influencia de los factores, normas y tradiciones sociales en la formación y expresión de pensamientos y comportamientos inconscientes.

El debate sobre el relativismo cultural impulsa una reconsideración de los fenómenos psicológicos universales propuestos por Freud. Los críticos argumentan que, si bien ciertos aspectos de la experiencia humana pueden ser comunes en distintas culturas, la manifestación e interpretación de los procesos inconscientes puede variar significativamente según el contexto cultural. Los teóricos de este campo afirman que el estudio y la comprensión del inconsciente deben tener en cuenta la interacción entre la psicología individual y los entornos culturales, lo que cuestiona la noción de un modelo único y universalmente aplicable de la mente humana.

Los defensores del relativismo cultural enfatizan la importancia de integrar diversas perspectivas culturales y el conocimiento indígena en el discurso de la psicología. Destacan la necesidad de enfoques culturalmente sensibles y contextualizados para el estudio del inconsciente, abogando por metodologías de investigación etnográfica y colaboraciones con comunidades locales para enriquecer la comprensión de los fenómenos psicológicos en diferentes culturas. Al adoptar el relativismo cultural, los académicos buscan facilitar una exploración más completa e inclusiva del inconsciente, trascendiendo los sesgos etnocéntricos y ampliando el alcance de la investigación psicológica más allá de los paradigmas occidentales.

Modelos psicológicos alternativos y visiones divergentes

Al explorar las críticas a la teoría freudiana, han surgido modelos psicológicos alternativos y perspectivas divergentes en respuesta a las limitaciones percibidas en la obra de Freud. Una de estas críticas es que el énfasis de Freud en los impulsos sexuales y agresivos inconscientes como motivadores primarios podría no abarcar plenamente las complejidades del comportamiento humano. Esto ha llevado al desarrollo de teorías alternativas, como la psicología analítica de Carl Jung, que se centra en la individuación y el inconsciente colectivo, y la psicología individual de Alfred Adler, que enfatiza las influencias sociales y la búsqueda de significado.

El auge de la psicología cognitiva y conductual ha presentado una perspectiva diferente sobre los procesos mentales y la conducta, enfatizando el papel de la cognición, el aprendizaje y los factores ambientales. El enfoque cognitivo subraya el papel activo de los procesos de pensamiento en la formación de las emociones y la conducta, mientras que el enfoque conductual enfatiza las acciones observables y el impacto del refuerzo y el castigo.

Además, la perspectiva humanista introducida por figuras como Abraham Maslow y Carl Rogers propone una visión positiva de la naturaleza humana, centrada en la autorrealización y el crecimiento personal. Esto contrasta con la visión más determinista de Freud y su énfasis en los conflictos no resueltos en la primera infancia.

La intersección de la neurociencia y la psicología ha dado lugar a teorías neurocientíficas del comportamiento y los procesos mentales, que ofrecen explicaciones a nivel del funcionamiento cerebral y los mecanismos neuronales. Esta perspectiva neurobiológica proporciona información sobre las bases biológicas de los fenómenos psicológicos, ofreciendo un marco alternativo para comprender la experiencia humana.

También es importante considerar que la psicología cultural e intercultural ha resaltado la influencia de las normas, valores y prácticas culturales en el comportamiento y los procesos mentales humanos. Al reconocer la diversidad de las experiencias humanas, esta perspectiva cuestiona la universalidad de los conceptos freudianos y destaca la necesidad de un enfoque culturalmente sensible para comprender la mente.

La proliferación de estos diversos modelos psicológicos subraya la naturaleza dinámica y evolutiva del campo, fomentando el diálogo continuo y la evaluación crítica de los marcos teóricos. Si bien cada modelo ofrece valiosas perspectivas, también presenta perspectivas divergentes que contribuyen al rico entramado de la psicología contemporánea.

Reinterpretaciones y adaptaciones de conceptos freudianos

A medida que las teorías de Freud continúan siendo examinadas y criticadas en el contexto de la psicología moderna, se ha producido un esfuerzo significativo por reinterpretar y adaptar sus conceptos a los paradigmas contemporáneos. Una de las áreas destacadas de reinterpretación gira en torno al concepto mismo del inconsciente. Muchos psicólogos modernos han buscado integrar las ideas de Freud en una comprensión más amplia del inconsciente, incorporando elementos de la psicología cognitiva, la neurobiología y la teoría evolutiva. Esta integración ha llevado al desarrollo de nuevos modelos que dilucidan el funcionamiento de la mente humana de maneras que Freud no habría podido concebir.

Otro ámbito crucial de reinterpretación reside en la aplicación de los principios freudianos a la práctica clínica. Si bien el psicoanálisis sigue siendo un enfoque terapéutico diferenciado, muchos terapeutas han integrado aspectos de la teoría freudiana en diversas intervenciones. Desde la terapia psicodinámica hasta las técnicas cognitivo-conductuales, la influencia de las ideas de Freud se percibe en diversas modalidades, lo que refleja un diálogo continuo entre los principios psicoanalíticos tradicionales y los métodos de tratamiento contemporáneos.

La adaptación de los conceptos freudianos ha permeado la cultura popular, la literatura y las artes, influyendo en la representación de la psicología y el comportamiento humanos. La noción del inconsciente se ha convertido en un elemento básico de las narrativas de ficción y las expresiones artísticas, influyendo en la representación matizada de personajes y la narrativa simbólica. Además, los conceptos freudianos han influido en campos más allá de la psicología tradicional, como la sociología, la crítica literaria e incluso el marketing, donde la comprensión de los motivos y deseos inconscientes ha resultado fundamental.

En el panorama actual de la psicología, numerosos académicos se dedican a la reevaluación de la teoría freudiana, forjando conexiones con campos interdisciplinarios y explorando aplicaciones innovadoras. Este proceso continuo subraya la relevancia de los conceptos freudianos, a la vez que reconoce la necesidad de evolución ante los avances contemporáneos.

PSICOANÁLISIS Y TERAPIA

Principios y objetivos clave de la terapia psicoanalítica

La terapia psicoanalítica, basada en los principios fundamentales de Sigmund Freud, abarca un conjunto de principios y objetivos clave que guían su enfoque terapéutico. En el centro de la terapia psicoanalítica se encuentra la creencia en la importancia de explorar el inconsciente para lograr un cambio terapéutico. Este enfoque parte de la premisa de que las personas se ven influenciadas por factores inconscientes, que pueden manifestarse en diversas formas de angustia y trastornos psicológicos.

Uno de los principios fundamentales de la terapia psicoanalítica es el concepto de conflictos internos y asuntos no resueltos del pasado que afectan el comportamiento y las emociones presentes. Mediante una exploración profunda de las experiencias pasadas, traumas y relaciones tempranas del paciente, el terapeuta busca descubrir emociones, deseos y conflictos reprimidos que puedan estar contribuyendo a las dificultades actuales del individuo. Al traer estos elementos inconscientes a la consciencia, la terapia busca facilitar la resolución de conflictos internos y promover el crecimiento y la comprensión personal.

En la práctica psicoanalítica, el terapeuta se adhiere al principio de libre asociación, permitiendo al paciente expresar pensamientos, emociones y recuerdos sin censura ni juicio. Este proceso facilita la emergencia de material inconsciente, lo que facilita el análisis de patrones y temas subyacentes que puedan estar influyendo en el bienestar psicológico del paciente. Además, la interpretación que el terapeuta hace de las verbalizaciones y expresiones emocionales del paciente es crucial para descubrir significados latentes y abordar problemas no resueltos.

El objetivo principal de la terapia psicoanalítica es alcanzar la introspección y la autoconciencia, lo que conduce al desarrollo de mecanismos de afrontamiento más adaptativos y relaciones interpersonales más saludables. Al comprender las motivaciones inconscientes que impulsan sus comportamientos y emociones, los pacientes pueden trabajar para reconocer patrones desadaptativos y lograr cambios positivos en sus vidas. Además, la terapia busca fomentar la integración de aspectos fragmentados del Yo, promoviendo un sentido de plenitud y autoaceptación.

El Proceso terapéutico - Técnicas y metodologías

En el campo de la terapia psicoanalítica, el proceso terapéutico abarca un repertorio de técnicas y metodologías cuidadosamente diseñadas para explorar el inconsciente y apoyar a los clientes en su camino hacia la autoconciencia y la sanación psicológica. Una de las técnicas fundamentales empleadas en este proceso es la asociación libre, donde se anima a los clientes a expresar sus pensamientos y sentimientos libremente, sin censura ni juicio. A través de este método, el terapeuta puede comprender mejor las motivaciones, miedos y deseos inconscientes del cliente. Además, el análisis de los sueños desempeña un papel fundamental en el descubrimiento de conflictos ocultos y problemas no resueltos que residen en el inconsciente. Al examinar el simbolismo y el contenido latente de los sueños, los terapeutas pueden descifrar los significados subyacentes y ayudar a los clientes a integrar estas percepciones en su vida consciente. Otra técnica clave es la interpretación de la resistencia, donde el terapeuta identifica las barreras que obstaculizan el progreso del cliente y explora los miedos o ansiedades subyacentes que se manifiestan como resistencia. Estas percepciones pueden allanar el camino para avances profundos en la terapia. Además, explorar las experiencias infantiles y las relaciones tempranas del cliente mediante la interpretación psicoanalítica ayuda a esclarecer patrones y dinámicas profundamente arraigados que siguen influyendo en su comportamiento y emociones actuales. Además, el uso de la transferencia como herramienta terapéutica implica la proyección de sentimientos inconscientes sobre el terapeuta, lo que proporciona material valioso para comprender el mundo interno del cliente. Por otro lado, la contratransferencia, las reacciones emocionales del terapeuta hacia el cliente, sirve como una fuente vital de información sobre las dinámicas del cliente.

Técnicas freudianas en la terapia moderna

Si bien los métodos originales de Freud sentaron las bases para comprender el inconsciente y su influencia en la conducta, los avances recientes en este campo han dado lugar a adaptaciones y modificaciones destinadas a integrar los conceptos freudianos con los enfoques terapéuticos actuales. Una adaptación notable consiste en la incorporación de los principios psicoanalíticos en terapias más breves y estructuradas, abordando las inquietudes prácticas de los pacientes actuales, quienes buscan intervenciones más breves y orientadas a objetivos. Este cambio ha dado lugar a la terapia psicodinámica, que conserva el enfoque fundamental en la exploración de los procesos inconscientes, pero permite una mayor flexibilidad y eficiencia para abordar las necesidades de los pacientes. Asimismo, la reinterpretación del énfasis de Freud en las experiencias de la primera infancia ha evolucionado para abarcar una comprensión más amplia de la dinámica relacional y la teoría del apego, reconociendo la importancia de los factores sociales y ambientales en la configuración del desarrollo psicológico individual. Asimismo, el concepto de transferencia, fundamental para el psicoanálisis tradicional, se ha reconceptualizado para adaptarse a diversos contextos culturales e interpersonales, lo que permite a los terapeutas explorar y abordar dinámicas de poder complejas y cuestiones relacionadas con la identidad dentro de la relación terapéutica. Otra adaptación crucial reside en la integración de los hallazgos de la neurociencia con los conceptos psicoanalíticos, lo que fomenta una comprensión más completa de cómo los mecanismos neurobiológicos interactúan con los procesos mentales inconscientes. Este enfoque interdisciplinario no solo enriquece los fundamentos teóricos del psicoanálisis, sino que también fundamenta intervenciones innovadoras que aprovechan las influencias recíprocas entre las dimensiones biológicas y psicológicas de la experiencia humana. Además, los avances tecnológicos han permitido la aplicación de las ideas psicoanalíticas en plataformas digitales, ampliando el alcance de los servicios terapéuticos y abriendo caminos para la psicoterapia en línea, a la vez que introducen nuevas consideraciones éticas. En medio de estas adaptaciones, los principios fundamentales del psicoanálisis, como la exploración de los conflictos inconscientes, la importancia de la interpretación y el papel de la relación terapéutica, siguen permeando la práctica contemporánea.

Consideraciones éticas en la práctica psicoanalítica

Dada la naturaleza profundamente personal y a menudo sensible de la relación terapéutica, mantener estándares éticos es crucial para garantizar el bienestar y la integridad tanto del profesional como del paciente. La dinámica que implica explorar las profundidades del inconsciente exige un profundo compromiso con las directrices y principios éticos.

La confidencialidad es uno de los pilares fundamentales de la práctica ética en psicoanálisis. Los pacientes deben poder confiar en que sus revelaciones personales se mantendrán privadas y protegidas. Los psicoanalistas están obligados por estrictos acuerdos de confidencialidad a no divulgar ninguna información compartida durante las sesiones de terapia, salvo que lo exijan las leyes o en casos en que exista un riesgo claro e inminente de daño al paciente o a terceros. Además, es fundamental mantener los límites profesionales; los psicoanalistas deben ser cautelosos para evitar situaciones que puedan dar lugar a relaciones duales o conflictos de intereses.

El consentimiento informado es otra consideración ética clave en la práctica psicoanalítica. Es fundamental que los pacientes comprendan la naturaleza, el propósito y los posibles resultados de su terapia. Los psicoanalistas tienen la responsabilidad de garantizar que los pacientes comprendan las técnicas empleadas, la duración del tratamiento y los posibles riesgos y beneficios asociados al proceso. Además, los mecanismos continuos de evaluación y retroalimentación brindan a los pacientes la oportunidad de expresar sus inquietudes o reservas sobre el proceso terapéutico.

Las implicaciones éticas de las diferencias de poder en la relación terapéutica no pueden pasarse por alto. Los psicoanalistas ocupan posiciones influyentes debido a la vulnerabilidad de sus pacientes y a la asimetría inherente a la exploración psicoanalítica. Es responsabilidad del terapeuta ejercer este poder con criterio y responsabilidad, priorizando la autonomía y la agencia del paciente. Evitar la manipulación o la coerción y fomentar un ambiente de respeto mutuo y colaboración son esenciales para mantener los estándares éticos.

Las consideraciones sobre la competencia cultural y la diversidad desempeñan un papel fundamental en la práctica psicoanalítica ética. Reconocer y respetar la diversidad de orígenes, valores y sistemas de creencias de los pacientes es fundamental para brindar una terapia inclusiva y eficaz. Los enfoques culturalmente sensibles y la capacidad de comprender las diferencias interculturales son esenciales para fomentar la confianza y la relación con pacientes de diversos contextos socioculturales.

En definitiva, los dilemas éticos son inevitables en la práctica del psicoanálisis, lo que exige una reflexión cuidadosa y el cumplimiento de los códigos de conducta profesional. La autorreflexión continua, la supervisión y la formación continua en ética son indispensables para que los psicoanalistas puedan abordar las complejidades y matices de la toma de decisiones éticas en su práctica profesional.

Formación y requisitos para los psicoanalistas

Convertirse en psicoanalista es un proceso riguroso e intelectualmente exigente que exige un profundo compromiso con el campo del psicoanálisis. El camino para convertirse en un psicoanalista cualificado suele implicar una inversión considerable de tiempo, esfuerzo y recursos, lo que exige una formación exhaustiva y el cumplimiento de ciertos requisitos profesionales.

Ante todo, los futuros psicoanalistas deben poseer una sólida formación en psicología, generalmente con al menos una maestría o, preferiblemente, un doctorado en psicología clínica, psicología de la consejería o un campo afín. Esta formación avanzada les proporciona el conocimiento y la comprensión fundamentales del comportamiento humano, los procesos mentales y las teorías psicológicas, que constituyen la base para su futura especialización en la práctica psicoanalítica.

Una vez obtenidas las cualificaciones académicas necesarias, quienes aspiran a convertirse en psicoanalistas deben realizar una formación especializada en psicoanálisis. Esto suele implicar la inscripción en institutos o programas psicoanalíticos acreditados que ofrecen una formación psicoanalítica integral y profunda. Estos programas pueden durar varios años e incluyen una combinación de cursos teóricos, supervisión clínica, análisis personal y experiencia práctica en terapia psicoanalítica bajo la guía de supervisores y analistas experimentados. Esta formación intensiva está diseñada para cultivar las habilidades y los conocimientos necesarios para participar en la compleja y compleja práctica del psicoanálisis.

Además de la formación académica, se espera que los aspirantes a psicoanalistas realicen su propio análisis personal o psicoterapia. Esta exploración y autorreflexión personal desempeñan un papel crucial en el desarrollo de la autoconciencia, la comprensión emocional y la apreciación de las dinámicas inconscientes que operan en el interior de cada uno, atributos vitales para un trabajo psicoanalítico eficaz. El análisis personal también proporciona a las personas una experiencia directa del proceso psicoanalítico desde la perspectiva del paciente, lo que fomenta una comprensión más profunda del proceso terapéutico y fomenta la empatía hacia sus futuros pacientes.

Muchas organizaciones profesionales y organismos reguladores establecen requisitos específicos para la licencia y certificación en psicoanálisis. Estos requisitos pueden incluir la realización de un número determinado de horas clínicas supervisadas, el cumplimiento de las normas éticas de la práctica y la demostración de un profundo conocimiento de la teoría y la técnica psicoanalíticas mediante exámenes escritos y orales. Obtener la licencia o certificación implica la competencia y la competencia del individuo en el ejercicio del psicoanálisis, garantizando así la calidad e integridad de los servicios psicoanalíticos que se ofrecen al público.

PERSPECTIVAS MODERNAS DEL INCONSCIENTE

Psicología cognitiva y la comprensión emergente del inconsciente

La psicología cognitiva ha moldeado significativamente nuestra comprensión del inconsciente, aportando información clave sobre cómo operan los procesos mentales más allá de la consciencia. Al explorar los mecanismos de la cognición, los investigadores han descubierto la profunda influencia del inconsciente en el comportamiento, la percepción y la toma de decisiones humanos. Uno de los conceptos fundamentales en este ámbito es la memoria implícita, donde las experiencias pasadas impactan el comportamiento presente sin recuerdo consciente. Este fenómeno subraya la interacción dinámica entre las representaciones mentales conscientes e inconscientes, arrojando luz sobre la naturaleza multifacética del pensamiento humano. Además, los estudios cognitivos han profundizado en la automaticidad, revelando cómo ciertas tareas y respuestas se ejecutan sin esfuerzo e inconscientemente tras la exposición repetida. Estos hallazgos destacan la eficiencia y adaptabilidad del inconsciente para procesar la información y guiar el comportamiento. Asimismo, la investigación en neurociencia cognitiva ha dilucidado los sustratos neuronales que subyacen a los procesos inconscientes, desentrañando la red de regiones cerebrales implicadas en el procesamiento de la información subconsciente. Las técnicas de neuroimagen de vanguardia han proporcionado información sin precedentes sobre las características neuronales de la percepción, la atención y la consolidación de la memoria inconscientes. La integración de la psicología cognitiva y la neurociencia ha impulsado la comprensión emergente de la interconexión entre los procesos mentales y el inconsciente, destacando la compleja sinergia entre las funciones cognitivas y las operaciones no conscientes. Además, las teorías cognitivas contemporáneas han delineado el papel del inconsciente en la toma de decisiones, demostrando cómo los sesgos implícitos pueden afectar los juicios y las elecciones sin la conciencia explícita de los individuos. Esta exploración tiene implicaciones de gran alcance para ámbitos como la psicología social, el comportamiento organizacional y el comportamiento del consumidor, arrojando luz sobre el profundo impacto del inconsciente en diversas facetas de la vida humana.

Perspectivas neurocientíficas: Actividad cerebral y subconsciente

Los recientes avances en la investigación neurocientífica han proporcionado un profundo conocimiento de la relación entre la actividad cerebral y los procesos subconscientes. Mediante sofisticadas técnicas de neuroimagen, como la resonancia magnética funcional y la electroencefalografía, los investigadores han profundizado en la comprensión de cómo el inconsciente influye en la actividad neuronal. Los hallazgos han revelado que ciertas regiones del cerebro, en particular la corteza prefrontal, la corteza cingulada anterior y la amígdala, desempeñan un papel fundamental en el procesamiento de estímulos inconscientes. Cabe destacar que estas áreas muestran una mayor actividad incluso cuando las personas no son conscientes de los estímulos a los que están expuestas. Esto subraya el profundo impacto del inconsciente en el funcionamiento cognitivo y emocional. Además, las investigaciones neurocientíficas han dilucidado la existencia de redes neuronales diferenciadas asociadas con diversos aspectos del procesamiento inconsciente, como la percepción, la recuperación de la memoria y la respuesta emocional. Estas redes presentan patrones de actividad coordinados que contribuyen a la integración fluida de la información inconsciente en los procesos cognitivos de orden superior. Además, estudios han demostrado la participación crucial de neurotransmisores como la dopamina y la serotonina en la mediación de las operaciones mentales inconscientes. La modulación de la transmisión sináptica y la señalización neuronal dentro de estos sistemas se ha vinculado a la regulación de conductas y estados emocionales inconscientes. Asimismo, los avances en neurobiología han revelado el fenómeno del aprendizaje implícito, en el que las personas adquieren conocimientos y habilidades sin ser conscientes explícitamente, lo que demuestra la profunda influencia del inconsciente en las conductas adaptativas y la toma de decisiones. La convergencia de la evidencia neurocientífica con las perspectivas psicológicas ha generado una mayor comprensión de la naturaleza multifacética de la mente subconsciente. Ha puesto de relieve la interacción dinámica entre los mecanismos neurofisiológicos y los fenómenos mentales inconscientes, lo que ofrece profundas implicaciones para la comprensión de la cognición y la conducta humanas.

Influencias sociales y culturales en el procesamiento inconsciente

Desde la adquisición del lenguaje hasta las normas y costumbres sociales, las personas se ven continuamente influenciadas por su entorno, a menudo de forma implícita. Los marcos culturales proporcionan el andamiaje sobre el cual las personas construyen su comprensión del mundo. Conceptos como colectivismo versus individualismo, distancia de poder y evitación de la incertidumbre, propuestos por la teoría de las dimensiones culturales de Geert Hofstede, moldean los procesos cognitivos que ocurren bajo la conciencia. Estas dimensiones no solo influyen en la percepción y la toma de decisiones, sino que también moldean la formación de creencias, valores y actitudes, todos los cuales operan en el ámbito del inconsciente.

El condicionamiento social y la asimilación de normas sociales incitan el desarrollo de sesgos y estereotipos implícitos. Diversos estudios han demostrado que la exposición a ciertas señales sociales, como las representaciones mediáticas o las narrativas culturales, puede provocar la activación automática de constructos mentales asociados que influyen en las respuestas conductuales. La asimilación inconsciente de estas normas subraya el profundo impacto de los contextos sociales y culturales en los patrones de pensamiento y las acciones individuales.

Otro aspecto crucial es el papel de la memoria colectiva y su efecto en el procesamiento inconsciente. Los acontecimientos históricos y los traumas colectivos pueden arraigarse en la psique social, influyendo inconscientemente en las generaciones posteriores. Esta memoria compartida configura las percepciones, las emociones y los comportamientos, lo que ilustra la profunda influencia de la historia cultural en el funcionamiento del inconsciente.

Los patrones de comunicación y las estructuras lingüísticas dentro de una sociedad contribuyen a los matices del procesamiento inconsciente. El determinismo lingüístico, propuesto por Benjamin Whorf, sugiere que el lenguaje moldea eficazmente los procesos de pensamiento y la categorización cognitiva. Los matices y connotaciones sutiles del lenguaje pueden generar asociaciones inconscientes, lo que influye en las interpretaciones y los juicios sin una conciencia explícita.

Memoria implícita y automaticidad en la vida cotidiana

La memoria implícita, una forma de memoria no consciente, desempeña un papel crucial en la configuración de nuestro comportamiento, percepciones y decisiones en la vida cotidiana. A diferencia de la memoria explícita, que implica el recuerdo deliberado de experiencias pasadas, la memoria implícita funciona de forma natural y automática, influyendo en nuestras acciones sin nuestra consciencia. Este tipo de memoria abarca la memoria procedimental, los efectos del condicionamiento clásico y la preparación, lo que permite a las personas realizar tareas rutinarias, reaccionar a estímulos y desenvolverse en las interacciones sociales con facilidad. La naturaleza automática de la memoria implícita contribuye al fenómeno de la automaticidad, donde los comportamientos aprendidos se vuelven habituales y se arraigan en las rutinas diarias.

En la vida cotidiana, la memoria implícita y la automaticidad se manifiestan de diversas maneras. Por ejemplo, al conducir por una ruta conocida, las personas recurren a la memoria implícita para ejecutar habilidades motoras complejas y anticipar patrones de tráfico sin recordar activamente instrucciones específicas. De igual manera, la capacidad de hablar la lengua materna sin esfuerzo, reconocer rostros familiares o realizar tareas laborales rutinarias depende en gran medida de la activación de los procesos de memoria implícita. Estos comportamientos automáticos a menudo ocurren sin esfuerzo consciente, lo que pone de relieve el poderoso impacto de la memoria implícita en el funcionamiento eficiente y adaptativo. Además, la memoria implícita trasciende las experiencias individuales y permea los contextos sociales y culturales, influyendo en las normas sociales, los estereotipos y los sesgos que configuran los comportamientos e interacciones colectivos.

Comprender los mecanismos de la memoria implícita y la automaticidad es vital para comprender cómo las personas se desenvuelven en las complejidades de la vida cotidiana. La investigación en psicología cognitiva ha demostrado que los procesos de la memoria implícita contribuyen significativamente a la toma de decisiones, la resolución de problemas y la dinámica interpersonal. Además, descubrir las complejidades de la automaticidad arroja luz sobre cómo las personas forman hábitos, desarrollan experiencia y se adaptan a entornos cambiantes. Al desentrañar la influencia de la memoria implícita y la automaticidad, psicólogos e investigadores pueden ofrecer perspectivas para optimizar el aprendizaje, la adquisición de habilidades y las intervenciones de cambio de comportamiento para poblaciones diversas.

A medida que profundizamos en la exploración de la memoria implícita y la automaticidad, se hace evidente que estos procesos subyacentes son fundamentales para nuestro funcionamiento cognitivo y bienestar. Al reconocer el profundo impacto de la memoria implícita en la configuración de nuestras experiencias cotidianas, las personas pueden adquirir una mayor conciencia de sus comportamientos y respuestas automáticos. Esta conciencia fomenta la atención plena y empodera a las personas para desafiar prejuicios arraigados, cultivar nuevos hábitos y participar activamente en el desarrollo de sus repertorios cognitivos y conductuales.

Sesgos inconscientes - Implicaciones y concientización

Los sesgos inconscientes, también conocidos como sesgos implícitos, desempeñan un papel fundamental en la configuración del comportamiento humano y los procesos de toma de decisiones. A pesar de los esfuerzos conscientes de las personas por actuar con imparcialidad y sin prejuicios, estas asociaciones y juicios automáticos suelen influir profundamente en nuestras percepciones y acciones. Las implicaciones de los sesgos inconscientes son de gran alcance y afectan áreas como las prácticas de contratación, la educación, la atención médica y las relaciones interpersonales. Reconocer y abordar estos sesgos es esencial para promover la justicia y la igualdad en la sociedad.

Diversos estudios han revelado la naturaleza generalizada de los sesgos inconscientes en diversos ámbitos. Por ejemplo, investigaciones en el campo de la psicología social han demostrado cómo los sesgos implícitos pueden contribuir a las disparidades en la evaluación de candidatos a puestos de trabajo, favoreciendo a personas de ciertos grupos raciales o de género. Además, estos sesgos pueden influir en las decisiones de tratamiento de los profesionales sanitarios, lo que genera disparidades en la atención médica según las características demográficas de los pacientes. Al esclarecer estas implicaciones, podemos iniciar diálogos constructivos e implementar estrategias para mitigar el impacto de los sesgos inconscientes.

Concientizar sobre los sesgos inconscientes es fundamental para fomentar un entorno más inclusivo y equitativo. Implica promover la atención plena y la autorreflexión para descubrir las asociaciones implícitas que pueden sustentar las actitudes y comportamientos. Además, las organizaciones pueden implementar programas de capacitación y educación sobre diversidad para ayudar a las personas a reconocer y contrarrestar sus sesgos inconscientes. Al fomentar debates abiertos y proporcionar herramientas de autoevaluación, podemos cultivar un entorno que empodere a las personas a confrontar y superar sus sesgos implícitos.

Comprender las implicaciones sociales de los sesgos inconscientes subraya la importancia de la rendición de cuentas y el cambio sistémico. Las políticas y prácticas pueden evaluarse desde la perspectiva de la mitigación de sesgos, con énfasis en la promoción de la equidad y la igualdad de oportunidades. Desde la revisión de los procesos de contratación hasta la implementación de políticas inclusivas, las organizaciones e instituciones pueden abordar proactivamente el impacto de los sesgos inconscientes. De igual manera, las leyes y regulaciones pueden diseñarse para defender los principios de equidad y justicia, garantizando que las decisiones no se vean indebidamente influenciadas por sesgos implícitos.

Innovaciones terapéuticas

En las últimas décadas, se ha producido una notable evolución en el campo de la terapéutica de la salud mental, en particular en lo que respecta a los tratamientos para abordar los procesos psicológicos inconscientes. Si bien el psicoanálisis tradicional ha sentado las bases para comprender y explorar el inconsciente, las innovaciones terapéuticas contemporáneas han ampliado el repertorio de intervenciones disponibles tanto para profesionales clínicos como para pacientes.

Uno de los avances más significativos ha sido el desarrollo de terapias dinámicas de corta duración que buscan brindar intervenciones focalizadas y limitadas en el tiempo, a la vez que abordan los conflictos y motivaciones inconscientes. Estos enfoques han integrado aspectos del psicoanálisis tradicional con técnicas más estructuradas y específicas, permitiendo a las personas profundizar en sus dinámicas inconscientes en un plazo más accesible.

La aparición de tratamientos basados en la evidencia, como las terapias cognitivo-conductuales (TCC), ha revolucionado el panorama de las intervenciones terapéuticas. Al incorporar elementos de principios cognitivos y conductuales, la TCC ha demostrado su eficacia para abordar los procesos cognitivos inconscientes y su impacto en las emociones y las conductas. Al desafiar los pensamientos y creencias automáticas arraigadas en el inconsciente, las personas pueden reestructurar patrones desadaptativos y mejorar su bienestar general.

Más allá de la terapia presencial convencional, los avances tecnológicos han impulsado el desarrollo de modalidades terapéuticas innovadoras. Las plataformas de telesalud mental y las intervenciones de realidad virtual han ampliado el alcance de los servicios terapéuticos, permitiendo a las personas explorar y sanar su inconsciente a distancia. Estos novedosos enfoques aprovechan la tecnología para crear experiencias terapéuticas inmersivas e interactivas, superando las barreras geográficas y mejorando la accesibilidad a las intervenciones centradas en el inconsciente.

La integración de prácticas basadas en la atención plena en entornos terapéuticos ha facilitado la exploración profunda del inconsciente. Las técnicas de atención plena permiten a las personas cultivar una conciencia sin prejuicios de sus experiencias internas, incluyendo pensamientos y emociones inconscientes. Esta mayor autoconciencia fomenta una mayor comprensión de los procesos inconscientes y empodera a las personas para desarrollar respuestas adaptativas a los desafíos psicológicos.

A medida que el campo continúa evolucionando, las colaboraciones interdisciplinarias y los modelos integrativos han cobrado relevancia, trascendiendo el psicoanálisis tradicional. Al sintetizar perspectivas de la neurociencia, la psicología y otras disciplinas, estos enfoques innovadores ofrecen estrategias holísticas para abordar las dinámicas inconscientes. Intervenciones complementarias, como las terapias de artes expresivas, la experiencia somática y la reconstrucción narrativa, amplían aún más el conjunto de herramientas terapéuticas, ofreciendo diversas vías para que las personas interactúen con sus experiencias y narrativas inconscientes.

En esencia, el campo de las innovaciones terapéuticas ha abierto una nueva era de posibilidades para quienes navegan por las complejidades del inconsciente. Estos avances no solo honran los principios fundamentales del psicoanálisis tradicional, sino que también incorporan conocimientos y tecnologías contemporáneas para ofrecer vías multifacéticas, personalizadas y eficaces para explorar y transformar los procesos inconscientes.

Los avances tecnológicos y su papel en el estudio del inconsciente

El estudio del inconsciente se ha beneficiado enormemente de los avances tecnológicos, que han revolucionado la forma en que los investigadores comprenden y exploran este complejo aspecto de la cognición humana. Las tecnologías modernas han proporcionado herramientas y metodologías que ofrecen conocimientos sin precedentes sobre el funcionamiento del inconsciente. Uno de estos avances es la resonancia magnética funcional (fMRI), que permite a los investigadores observar la actividad cerebral en tiempo real y mapear las correlaciones neuronales de los procesos inconscientes. Mediante el uso de fMRI, los investigadores pueden investigar cómo las diferentes regiones del cerebro participan en las actividades cognitivas inconscientes y obtener una comprensión más profunda de los fundamentos neuronales del inconsciente. Además, la electroencefalografía (EEG) ha demostrado ser fundamental para capturar la actividad eléctrica del cerebro e identificar patrones asociados con los procesos mentales inconscientes. El uso del EEG ha permitido a los investigadores detectar y analizar respuestas cerebrales rápidas a estímulos subconscientes, arrojando luz sobre la dinámica temporal del procesamiento de la información inconsciente. Asimismo, los avances en los métodos de investigación conductual, como la tecnología de seguimiento ocular, han facilitado el examen de los mecanismos atencionales inconscientes y el procesamiento perceptivo. Los investigadores pueden rastrear los movimientos oculares para descubrir patrones implícitos de la mirada y el procesamiento visual de estímulos que escapan a la consciencia. Estos avances metodológicos han abierto nuevas vías para el estudio del inconsciente en la intersección de la psicología, la neurociencia y la tecnología. Además, se han empleado técnicas de modelado computacional y aprendizaje automático para descifrar patrones complejos de cognición inconsciente, ofreciendo modelos predictivos y algoritmos que mejoran nuestra comprensión de las operaciones mentales inconscientes. Mediante el uso de big data y herramientas analíticas avanzadas, los investigadores pueden descubrir relaciones y dependencias intrincadas dentro de los sistemas cognitivos inconscientes, allanando el camino para predicciones y simulaciones más precisas de los procesos inconscientes. Asimismo, los entornos de realidad virtual se han convertido en una herramienta innovadora para simular y manipular comportamientos y respuestas inconscientes en entornos ecológicamente válidos. La tecnología de realidad virtual permite a los investigadores crear escenarios inmersivos que provocan reacciones automáticas y miden respuestas fisiológicas vinculadas a pensamientos y emociones inconscientes. Este enfoque innovador conecta los experimentos de laboratorio con las situaciones del mundo real, lo que permite un estudio exhaustivo del inconsciente en diversos contextos.

Tendencias de investigación global

A medida que nuestra comprensión del inconsciente continúa evolucionando, investigadores de diversas disciplinas reconocen cada vez más la importancia de este enigmático aspecto de la cognición humana. En el campo de la psicología cognitiva, los estudios han profundizado en los procesos automáticos y los sesgos implícitos que gobiernan el inconsciente, arrojando luz sobre cómo estos mecanismos influyen en la toma de decisiones, la percepción y el comportamiento. Además, las colaboraciones interdisciplinarias entre científicos cognitivos, neurocientíficos y expertos en computación están proporcionando una comprensión más profunda de las bases neuronales de los procesos mentales inconscientes. Mediante técnicas avanzadas de neuroimagen, como la resonancia magnética funcional y el electroencefalograma, los investigadores pueden mapear la red de regiones cerebrales involucradas en la percepción inconsciente, la memoria y la regulación emocional. En la intersección de la psicología social y la antropología, las investigaciones sobre las influencias culturales en el inconsciente han revelado variaciones intrigantes en el procesamiento inconsciente en diferentes contextos sociales y sistemas de creencias. Este enfoque comparativo ofrece una comprensión matizada de cómo las normas y prácticas culturales moldean la cognición y el comportamiento inconscientes. Además, el floreciente campo de la economía del comportamiento ha dilucidado el impacto de los sesgos inconscientes en la toma de decisiones económicas, destacando la relevancia de los procesos inconscientes en situaciones del mundo real. Asimismo, los avances en inteligencia artificial y aprendizaje automático han abierto nuevas fronteras en la exploración de los paralelismos entre el procesamiento de información inconsciente en la mente humana y los sistemas computacionales. Al aprovechar modelos computacionales inspirados en el inconsciente humano, los investigadores están desarrollando enfoques innovadores para mejorar la inteligencia artificial y los sistemas autónomos. La integración de las indagaciones filosóficas sobre la naturaleza de la consciencia con la investigación empírica en psicología y neurociencia está desvelando profundas preguntas sobre la relación entre la percepción consciente y el vasto campo de la actividad mental inconsciente. Este diálogo multidisciplinario ofrece un terreno fértil para abordar cuestiones existenciales fundamentales, a la vez que amplía los límites de nuestro conocimiento sobre el inconsciente.

COMPARACIÓN CON OTRAS TEORÍAS PSICOLÓGICAS

Psicología Analítica Junguiana

A diferencia de la teoría freudiana, la psicología analítica junguiana difiere significativamente, ofreciendo una perspectiva contrapuesta sobre la naturaleza del inconsciente. Desarrollada por el psiquiatra suizo Carl Gustav Jung, este enfoque pone mayor énfasis en el inconsciente colectivo, los arquetipos y el proceso de individuación. Mientras Freud subrayó la primacía de las experiencias individuales y la influencia de los acontecimientos de la primera infancia, Jung propuso que la psique humana contiene elementos más profundos y universales que trascienden la historia personal.

En la teoría junguiana es central el concepto del inconsciente colectivo, un reservorio de experiencias e imágenes heredadas comunes a todos los individuos de distintas culturas. A diferencia del inconsciente personal, enfatizado por Freud, el inconsciente colectivo se extiende más allá del individuo y abarca temas, símbolos y motivos míticos universales. Esta perspectiva más amplia permite explorar las experiencias humanas compartidas y reconocer patrones arquetípicos que configuran el comportamiento y las creencias en diversas sociedades.

Jung introdujo la noción de arquetipos, símbolos elementales y personajes recurrentes en el inconsciente colectivo. Se dice que estos arquetipos, como el héroe, el anciano sabio o la sombra, se manifiestan de diversas formas en las narrativas culturales, los sueños y la vida personal de los individuos. Al reconocer estos patrones arquetípicos, los analistas junguianos buscan discernir las influencias y motivaciones subyacentes que guían los pensamientos, las emociones y las acciones de un individuo.

Otra divergencia fundamental con la teoría freudiana reside en el concepto junguiano de individuación, que denota el proceso de integrar los aspectos conscientes e inconscientes del Yo para alcanzar la plenitud psicológica. A diferencia del enfoque de Freud en la resolución de conflictos y deseos reprimidos, el análisis junguiano busca promover el autodescubrimiento y fomentar una relación armoniosa entre el individuo y las fuerzas arquetípicas de la psique.

Mientras Freud se centró en la importancia de los instintos sexuales y agresivos, Jung reconoció una gama más amplia de fuerzas motivacionales, incluyendo aspectos espirituales, creativos y trascendentes de la existencia humana. Esta perspectiva ampliada ofrece una comprensión holística de la naturaleza humana y proporciona un marco para abordar las complejidades del inconsciente más allá de los impulsos primarios.

Conductismo - La mente observable

El conductismo surgió como teoría y escuela psicológica a principios del siglo XX, desplazando el enfoque de la psicología del funcionamiento interno de la mente hacia las conductas observables. Este enfoque, liderado por figuras influyentes como BF Skinner y John B. Watson, enfatizó el papel del condicionamiento y el refuerzo en la configuración del comportamiento humano. A diferencia de la teoría freudiana, que profundiza en los procesos inconscientes, el conductismo postula que toda conducta se aprende a través de la interacción con el entorno. Ignora el papel del inconsciente y, en cambio, aboga por el estudio científico de la conducta observable.

Uno de los principios fundamentales del conductismo es el concepto de condicionamiento operante, según el cual las consecuencias de una acción determinan la probabilidad de que se repita. Esta noción difiere marcadamente del énfasis de Freud en las pulsiones e instintos inconscientes que influyen en la conducta. Los conductistas creen que el entorno, y no los estados mentales internos, es el principal determinante de las acciones humanas.

En relación con el inconsciente, el conductismo adopta una postura notablemente diferente a la teoría freudiana. Mientras Freud explora las capas ocultas de la mente y las motivaciones inconscientes, el conductismo argumenta que no es necesario ahondar en el campo invisible de la mente. En cambio, se centra en comprender y modificar la conducta manifiesta mediante estímulos externos y refuerzos.

Las implicaciones del rechazo conductista al inconsciente son de gran alcance, especialmente en el campo de la terapia y la práctica clínica. La terapia conductual, una aplicación fundamental de los principios conductistas, busca abordar las conductas desadaptativas alterando los refuerzos ambientales que las mantienen. Esto contrasta con el psicoanálisis freudiano, que busca descubrir y resolver los conflictos inconscientes. La dicotomía entre ambos enfoques ilustra la divergencia en su conceptualización de la mente humana y las técnicas empleadas para la intervención psicológica.

A pesar de sus diferencias con la teoría de Freud, el conductismo ha realizado importantes contribuciones a la psicología, especialmente en los campos del aprendizaje, el condicionamiento y la modificación de la conducta. Sus aplicaciones prácticas han influido en campos como la educación, la psicología clínica y el comportamiento organizacional. Sin embargo, la ausencia de un enfoque en el inconsciente distingue al conductismo de la teoría freudiana y otras perspectivas psicodinámicas, lo que pone de relieve la diversidad de pensamiento dentro de la disciplina psicológica.

Psicología cognitiva y el inconsciente

La psicología cognitiva, un campo fascinante dentro del estudio psicológico, ofrece una perspectiva única sobre el concepto del inconsciente. A diferencia del conductismo, que se centra principalmente en las conductas observables, la psicología cognitiva profundiza en el funcionamiento de la mente, explorando procesos mentales como la percepción, la memoria, la toma de decisiones y la resolución de problemas. Este enfoque enfatiza el papel de las estructuras mentales internas en la comprensión del comportamiento humano, arrojando luz sobre la interacción entre los procesos conscientes e inconscientes. Dentro del marco de la psicología cognitiva, el inconsciente se considera un depósito de procesamiento de información que influye en nuestros pensamientos, emociones y comportamientos sin nuestra consciencia explícita.

Uno de los principios fundamentales de la psicología cognitiva es la idea de los esquemas, marcos mentales que organizan e interpretan la información. Los esquemas desempeñan un papel crucial en la forma en que percibimos y damos sentido al mundo que nos rodea. El inconsciente, según la psicología cognitiva, opera a través de estas estructuras cognitivas arraigadas, guiando nuestras respuestas e interpretaciones en diversas situaciones. Además, el concepto de automaticidad destaca cómo ciertos procesos cognitivos ocurren sin esfuerzo e inconscientemente, permitiéndonos realizar las tareas cotidianas con un mínimo esfuerzo consciente.

El fenómeno del priming, otro concepto central en la psicología cognitiva, subraya la influencia del inconsciente en la conducta. A través del priming, la exposición a un estímulo puede activar representaciones mentales relacionadas, lo que influye en las percepciones y juicios posteriores. Este mecanismo demuestra cómo el inconsciente puede moldear nuestras respuestas basándose en experiencias previas, incluso en ausencia de consciencia.

Además, la psicología cognitiva ha contribuido a comprender la naturaleza de la atención y la consciencia, revelando cómo la atención selectiva filtra la información y dirige los recursos cognitivos. El análisis de los procesos de la memoria implícita también revela la presencia de recuerdos inconscientes que influyen en nuestro comportamiento y percepciones más allá de nuestro recuerdo consciente. Asimismo, la investigación sobre la toma de decisiones dilucida cómo los sesgos subconscientes, la heurística y las influencias afectivas pueden guiar sutilmente nuestras elecciones, destacando la participación del inconsciente en actividades cognitivas complejas.

Psicología humanista - Un cambio de enfoque

La psicología humanista surgió como una alternativa convincente a las perspectivas psicodinámicas y conductistas predominantes, enfatizando un enfoque centrado en la persona que desplazó fundamentalmente el enfoque de la patología al potencial humano positivo. Liderada por figuras prominentes como Abraham Maslow y Carl Rogers, esta escuela de pensamiento puso un fuerte énfasis en la experiencia consciente, el crecimiento personal y el valor inherente de cada individuo. A diferencia de las perspectivas deterministas de Freud, la psicología humanista enfatizó la capacidad de autodeterminación y la importancia de las percepciones subjetivas. En el centro de esta perspectiva se encuentra el concepto de autorrealización, que representa el impulso innato de las personas para alcanzar su potencial y la realización personal. El rechazo del determinismo estricto y el reconocimiento de la autonomía individual fueron fundamentales para contextualizar el papel del inconsciente dentro de un marco más amplio de la experiencia humana. Una de las principales contribuciones de la psicología humanista al estudio del inconsciente fue el énfasis en la indagación fenomenológica: un enfoque en las experiencias, sentimientos y conciencia subjetiva del individuo. Este enfoque proporcionó valiosas perspectivas sobre cómo las personas perciben y navegan en sus propios mundos internos, lo que representa un cambio radical respecto al énfasis en las conductas observables propio del conductismo. Además, la psicología humanista subrayó la importancia del inconsciente como reservorio de creatividad, sabiduría interior y expresión auténtica. Al animar a las personas a explorar y abrazar sus motivaciones y aspiraciones más profundas, esta perspectiva destacó el potencial transformador presente en el inconsciente. La convergencia de la psicología humanista con la exploración del inconsciente dio lugar a una profunda comprensión de cómo las personas pueden acceder a sus recursos internos para cultivar vidas plenas. Subrayó la importancia de abordar las dimensiones espirituales y existenciales de la existencia humana, arrojando luz sobre la interconexión entre los campos consciente e inconsciente.

Perspectivas de la neurociencia sobre el inconsciente

Comprender el inconsciente desde la perspectiva de la neurociencia ofrece una perspectiva fascinante que fusiona los campos de la psicología y la biología. Los neurocientíficos profundizan en el funcionamiento del cerebro para descubrir cómo los procesos inconscientes se manifiestan e influyen en el comportamiento.

Un enfoque destacado de la neurociencia es la exploración de los mecanismos neuronales que subyacen a la cognición inconsciente. Estudios que utilizan técnicas de neuroimagen, como la resonancia magnética funcional y la electroencefalografía, han proporcionado información sobre cómo el cerebro procesa la información sensorial y genera respuestas inconscientes. Mediante la observación de patrones de actividad neuronal, los investigadores han identificado regiones cerebrales específicas asociadas con la percepción inconsciente, el procesamiento de la memoria y la toma de decisiones, lo que ilustra los sustratos neuronales de la actividad mental inconsciente.

La investigación en neurociencia ha contribuido a dilucidar el papel de los neurotransmisores y las vías neuroquímicas en la modulación del inconsciente. Por ejemplo, las investigaciones sobre el impacto de neurotransmisores como la dopamina, la serotonina y la noradrenalina en el procesamiento emocional inconsciente han revelado la interacción entre la señalización bioquímica y las experiencias afectivas inconscientes. Además, los estudios neurocientíficos han destacado la relevancia de las redes cerebrales y sus interacciones dinámicas en la configuración de los fenómenos inconscientes, destacando la naturaleza integradora de los procesos cognitivos inconscientes dentro de la arquitectura neuronal.

Un área de exploración fascinante dentro de la neurociencia es el fenómeno de la memoria implícita y sus implicaciones para la comprensión del inconsciente. La memoria implícita abarca la retención de información sin consciencia y desempeña un papel vital en la configuración de los comportamientos habituales, el aprendizaje procedimental y las respuestas automáticas. Mediante paradigmas experimentales como las tareas de preparación y las evaluaciones del aprendizaje implícito, los investigadores han investigado los mecanismos que rigen la formación y la recuperación de la memoria implícita, ofreciendo información valiosa sobre cómo los recuerdos inconscientes influyen en los comportamientos cotidianos.

El floreciente campo de la neuropsicología ha enriquecido nuestra comprensión del inconsciente al investigar cómo las lesiones y trastornos cerebrales pueden revelar las operaciones ocultas del inconsciente. Las observaciones clínicas de pacientes con afecciones como la visión ciega, el síndrome de cerebro dividido y el sonambulismo han brindado perspectivas únicas sobre el potencial inexplorado del inconsciente, arrojando luz sobre el profundo impacto de los factores neurológicos en las funciones inconscientes.

Teoría psicodinámica

Si bien las contribuciones originales de Freud sentaron las bases de la teoría psicodinámica, las adaptaciones modernas han adoptado una comprensión más matizada del inconsciente y su impacto en el comportamiento humano y la salud mental. Un avance fundamental reside en la integración de factores culturales y sociales en el marco de la teoría psicodinámica. Este reconocimiento de que las experiencias individuales están profundamente influenciadas por los contextos culturales ha ampliado el alcance del análisis psicodinámico y ha dado lugar a un enfoque más inclusivo y culturalmente sensible.

Los profesionales psicodinámicos modernos han perfeccionado el énfasis tradicional en las experiencias de la primera infancia al incorporar una perspectiva a lo largo de la vida. Al reconocer que el desarrollo y la influencia del inconsciente se extienden más allá de la infancia, la teoría psicodinámica contemporánea ofrece una comprensión integral de cómo las personas evolucionan y se adaptan en las diferentes etapas de la vida. Esta adaptación también refleja un mayor enfoque en la resiliencia y las capacidades adaptativas, lo que proporciona una visión más optimista y basada en las fortalezas del desarrollo humano.

La incorporación de la investigación empírica y las prácticas basadas en la evidencia ha sido otro aspecto fundamental de la modernización de la teoría psicodinámica. A partir de los hallazgos de la neurociencia, la teoría del apego y la psicología del desarrollo, los enfoques psicodinámicos contemporáneos buscan integrar el conocimiento científico con la rica tradición clínica de la terapia psicodinámica. Este diálogo interdisciplinario no solo ha fortalecido la credibilidad de la teoría psicodinámica dentro de la comunidad psicológica en general, sino que también ha contribuido al desarrollo de intervenciones terapéuticas más eficaces.

La evolución del panorama de la psicoterapia ha impulsado una reevaluación de la estructura jerárquica de la psique propuesta por Freud. Si bien el Ello, el Yo y el Superyó siguen siendo fundamentales en la teoría psicodinámica, las adaptaciones contemporáneas han introducido una comprensión más dinámica y relacional de estos constructos. Esto reconoce la interacción entre los componentes conscientes e inconscientes de la mente, enfatizando la naturaleza fluida de los procesos intrapsíquicos.

IMPACTO Y LEGADO DE LA TEORÍA DE FREUD

La influencia de Freud en la teoría psicodinámica

A través de su obra pionera, Sigmund Freud sentó las bases de la teoría psicodinámica, que sigue teniendo una profunda influencia en la psicología contemporánea. La conceptualización freudiana del inconsciente y su interacción dinámica con los procesos conscientes ha influido significativamente en el desarrollo de las teorías psicodinámicas. El énfasis en los conflictos internos, los mecanismos de defensa y las experiencias de la primera infancia como determinantes de la personalidad adulta se deriva directamente de los principios freudianos. Los teóricos psicodinámicos han perfeccionado y ampliado estos conceptos para explorar las complejidades del comportamiento y la motivación humanos. Además, la formulación freudiana del Ello, el Yo y el Superyó como estructuras fundamentales de la mente continúa moldeando la comprensión contemporánea del desarrollo y el funcionamiento de la personalidad.

El legado perdurable de la obra de Freud se evidencia en la continua relevancia de conceptos psicodinámicos clave, como la transferencia, la contratransferencia y el papel de la relación terapéutica en la promoción de la introspección y la sanación. Estas ideas sustentan diversos enfoques de la psicoterapia, incluyendo la terapia psicodinámica, el psicoanálisis y otras modalidades afines. Además, el énfasis de Freud en la importancia de los sueños y su interpretación ha influido en la práctica del análisis de los sueños dentro de los marcos psicodinámicos y ha contribuido a una comprensión más profunda de la comunicación simbólica y los procesos inconscientes. La perspectiva psicodinámica debe mucho a las ideas pioneras de Freud sobre la complejidad de las emociones humanas, la fluidez de los deseos humanos y el impacto de las experiencias tempranas en la vida mental adulta.

Como complemento de la investigación contemporánea en áreas como la teoría del apego y la regulación emocional, la conceptualización de Freud del inconsciente y su papel en la configuración del comportamiento humano continúa proporcionando perspectivas únicas sobre los fenómenos psicológicos.

Integración en las prácticas psicológicas convencionales

La amplia influencia de las teorías de Freud ha contribuido significativamente a su asimilación en las prácticas psicológicas convencionales. Si bien inicialmente se encontraron con escepticismo y resistencia, conceptos como el inconsciente, los mecanismos de defensa y la importancia de las experiencias de la primera infancia han permeado diversas ramas de la psicología. Un ejemplo notable es la integración de los principios psicodinámicos en enfoques terapéuticos, como la terapia psicodinámica y el psicoanálisis. Estos métodos enfatizan la exploración de los conflictos inconscientes y las experiencias pasadas para comprender y aliviar el malestar psicológico presente. Además, las ideas freudianas han contribuido al desarrollo de herramientas de evaluación de la personalidad, impactando el campo de la psicología clínica. La utilización de conceptos como el Ello, el Yo y el Superyó para comprender la dinámica de la personalidad demuestra el legado perdurable de la obra de Freud.

Más allá de sus aplicaciones clínicas, las teorías de Freud han influido en la investigación en psicología social, en particular en la comprensión de las complejidades de las motivaciones y los comportamientos humanos. La interacción de los procesos conscientes e inconscientes en la configuración de las decisiones individuales y las relaciones interpersonales se ha convertido en un foco de investigación. Además, los conceptos freudianos han influido en el estudio de la psicología del desarrollo, ofreciendo perspectivas sobre la formación de la identidad, los patrones de apego y la regulación emocional.

La influencia de Freud se extiende a campos ajenos a la psicología tradicional, como la sociología y los estudios culturales. Su énfasis en el papel de los deseos inconscientes, las normas sociales y los tabúes ha enriquecido los debates sobre los comportamientos colectivos, las limitaciones sociales y el simbolismo cultural. La idea del inconsciente como depósito de deseos reprimidos e influencias sociales ha impulsado investigaciones interdisciplinarias que conectan los campos de la psicología, la antropología y la literatura.

Impacto cultural y social de los conceptos freudianos

Los conceptos freudianos han permeado innegablemente diversos aspectos del discurso cultural y social, ejerciendo una profunda influencia en el arte, la literatura, el cine y la cultura popular. La omnipresencia de las ideas de Freud se evidencia en la representación de las complejas emociones, deseos y conflictos internos humanos en las expresiones artísticas. Desde el movimiento surrealista en el arte hasta la literatura existencialista del siglo XX, las teorías de Freud han proporcionado un marco para comprender las complejidades de la psique humana y han desempeñado un papel fundamental en la configuración de los movimientos culturales modernos.

Los conceptos freudianos no solo han influido en el arte y la literatura, sino que también se han manifestado en la cultura popular, influyendo en las estructuras narrativas, el desarrollo de los personajes y los temas de los medios de comunicación tradicionales. La exploración de los deseos inconscientes, la represión y el simbolismo de los sueños en películas y series de televisión a menudo refleja el impacto perdurable del legado de Freud en la expresión creativa.

Más allá del ámbito de las artes creativas, las teorías de Freud impactaron significativamente las percepciones y los debates sociales en torno a temas como la sexualidad, las relaciones y la salud mental. El concepto del complejo de Edipo, por ejemplo, ha suscitado continuos debates e interpretaciones en el contexto social más amplio, influyendo en las discusiones sobre las dinámicas familiares y la formación de la identidad.

El énfasis de Freud en el papel de las experiencias de la primera infancia en la formación de la personalidad adulta ha contribuido a una mayor conciencia de la importancia de las influencias en la primera infancia, influyendo así en las prácticas de crianza y los enfoques educativos. Además, el reconocimiento de las motivaciones y los conflictos inconscientes ha permeado los debates sociales sobre patrones de comportamiento, adicciones y la comprensión de los problemas de salud mental.

Si bien las teorías de Freud han atraído la atención y la aplicabilidad generalizadas, también han enfrentado críticas y generado controversias, en particular en relación con el género y la inclusión cultural. Las críticas han resaltado las limitaciones de los conceptos freudianos para abordar diversas experiencias culturales y han cuestionado la universalidad de ciertos principios psicoanalíticos.

Evolución de la terapia psicoanalítica en contextos modernos

La terapia psicoanalítica, que se originó en los fundamentos teóricos de Freud, ha experimentado una evolución significativa para adaptarse a los contextos psicológicos modernos. Un cambio notable ha sido la adopción de un enfoque más flexible y colaborativo entre el terapeuta y la persona que busca tratamiento. Esta ruptura con la postura tradicional de "pizarra en blanco" fomenta un diálogo abierto, fomentando una relación terapéutica dinámica. Además, la terapia psicoanalítica contemporánea ha integrado hallazgos de la neurobiología y la teoría del apego, enriqueciendo su práctica con una comprensión más profunda de la cognición humana y el desarrollo emocional. Asimismo, la aplicación de los principios psicoanalíticos se ha extendido más allá de las sesiones de terapia individual, abarcando los sistemas familiares y las dinámicas de grupo. A través de esta perspectiva sistémica, los terapeutas abordan las relaciones interpersonales y las influencias sociales, reconociendo la naturaleza interconectada de las experiencias humanas. El desarrollo moderno de la terapia psicoanalítica también adopta la sensibilidad cultural y la inclusión, reconociendo y respetando las diversas perspectivas e identidades dentro del proceso terapéutico. A medida que las preocupaciones sobre la salud mental continúan evolucionando, la terapia psicoanalítica se ha adaptado para abordar un espectro más amplio de afecciones, incluyendo trastornos del estado de ánimo, problemas relacionados con traumas y trastornos de la personalidad. La colaboración con otras modalidades terapéuticas, como los enfoques cognitivo-conductuales y de atención plena, ha dado lugar a técnicas integrativas que atienden las diversas necesidades de los pacientes, priorizando el bienestar holístico. Además, la era digital ha introducido nuevas dimensiones en la terapia psicoanalítica, con plataformas virtuales que ofrecen vías accesibles y convenientes para el apoyo terapéutico. Sin embargo, las consideraciones éticas en torno a la terapia en línea y la privacidad de los datos siguen siendo puntos clave tanto para profesionales como para pacientes. Reflejando el legado perdurable de Freud, la terapia psicoanalítica en contextos modernos continúa enfatizando la exploración del inconsciente, integrando perspectivas contemporáneas y defendiendo la búsqueda fundamental del autodescubrimiento y la sanación psicológica.

Aplicaciones interdisciplinarias de las ideas freudianas

La representación de personajes complejos, sus luchas internas y deseos no resueltos a menudo se inspira en las construcciones freudianas, lo que permite al lector adentrarse en las profundidades de la psique humana a través de las narrativas. Además, el énfasis de Freud en el simbolismo y la interpretación ha influido en la crítica literaria, impulsando la exploración de significados ocultos y motivos inconscientes en las obras literarias.

En el ámbito artístico, los conceptos freudianos han influido en las representaciones visuales y la imaginería simbólica que utilizan los artistas. Los pintores surrealistas, por ejemplo, adoptaron las ideas de Freud para crear obras de arte oníricas e irracionales, recurriendo al subconsciente para liberar expresiones creativas que escapan a la comprensión racional. Además, el uso de las teorías psicoanalíticas en la arteterapia ha facilitado el proceso de sanación de personas que enfrentan desafíos emocionales, brindándoles un medio no verbal para comunicarse y explorar su conflicto interno.

En el campo de la sociología, las teorías de Freud han esclarecido las motivaciones y los conflictos subyacentes en las estructuras sociales. La investigación de los traumas colectivos y los tabúes sociales, a menudo arraigados en el inconsciente, ha proporcionado perspectivas a sociólogos y antropólogos para comprender la dinámica de los comportamientos humanos y las prácticas culturales. Además, el estudio del comportamiento grupal y las relaciones intergrupales se ha visto enriquecido por las perspectivas freudianas, ofreciendo una comprensión más profunda de los sesgos subconscientes y las influencias latentes en las interacciones sociales.

En el contexto educativo, las teorías de Freud tienen implicaciones para comprender el desarrollo de la personalidad y las diferencias individuales entre los estudiantes. Educadores y orientadores escolares han integrado conceptos como los mecanismos de defensa y las experiencias de la infancia en sus enfoques pedagógicos, con el objetivo de fomentar un entorno de apoyo y comprensión para el crecimiento emocional y psicológico de los estudiantes. Al reconocer la influencia de las experiencias tempranas en los procesos cognitivos y el comportamiento, los educadores pueden adaptar las intervenciones para abordar las dificultades emocionales subyacentes y mejorar el bienestar general de los estudiantes.

La aplicación de los conceptos freudianos al marketing y al comportamiento del consumidor ha proporcionado un marco para comprender las motivaciones del consumidor y sus procesos de toma de decisiones. Al estudiar el papel de los deseos inconscientes y las asociaciones simbólicas en la configuración de las preferencias del consumidor, los profesionales del marketing pueden desarrollar estrategias específicas que conecten con los consumidores a un nivel psicológico más profundo, influyendo así en el comportamiento de compra y la fidelidad a la marca.

Influencia en la literatura y las artes

Desde el movimiento surrealista hasta la literatura modernista, las teorías de Freud han dejado una huella imborrable en la expresión creativa. Una de las áreas clave donde la influencia de Freud es evidente es la exploración de la psique humana y la representación de los conflictos internos a través de personajes y narrativas. Escritores y artistas a menudo recurren a conceptos freudianos como el inconsciente, los sueños y los deseos reprimidos para ahondar en la complejidad de la experiencia humana. Esto ha dado lugar a un rico repertorio de obras que capturan los matices de la condición humana. Cabe destacar que autores como Virginia Woolf, James Joyce y Franz Kafka incorporaron temas freudianos a sus escritos, ofreciendo profundas reflexiones sobre el funcionamiento de la mente y las emociones. En las artes visuales, pintores surrealistas como Salvador Dalí y René Magritte adoptaron las ideas de Freud, creando imágenes oníricas y a menudo inquietantes que buscaban penetrar en el subconsciente. La perdurable fascinación por las teorías de Freud sigue resonando en la literatura y el arte contemporáneos. Más allá de las formas tradicionales, la influencia de Freud se extiende al cine y a los medios digitales, donde la exploración de las profundidades psicológicas y las imágenes simbólicas refleja su impacto duradero. Además, la crítica psicoanalítica, que aplica los principios freudianos al análisis literario y artístico, sigue siendo un campo de estudio vibrante que arroja luz sobre los significados y motivaciones ocultos en las obras creativas.

La teoría freudiana en la era digital

Los avances tecnológicos y la prevalencia de las plataformas digitales han transformado radicalmente la forma en que las personas expresan e interactúan con sus pensamientos y deseos inconscientes. Con el uso generalizado de las redes sociales, las comunidades virtuales y la comunicación en línea, han surgido nuevas vías de autoexpresión y exploración, con interesantes implicaciones para los conceptos de Freud.

Un área de aplicación notable es la manifestación digital del subconsciente a través del contenido generado por el usuario. Desde blogs y vlogs personales hasta publicaciones en redes sociales, las personas revelan inconscientemente elementos de sus pensamientos y motivaciones más íntimos a través de su presencia en línea. Esta forma contemporánea de autorrevelación ofrece oportunidades para que investigadores y profesionales analicen e interpreten el comportamiento digital en el contexto de la teoría freudiana, arrojando luz sobre las complejidades del inconsciente en un entorno digital.

La intersección de la tecnología digital y la psicoterapia ha dado lugar a enfoques innovadores para comprender y abordar los procesos inconscientes. Las plataformas de terapia virtual y las intervenciones digitales de salud mental han incorporado elementos de las técnicas psicoanalíticas, ofreciendo a las personas nuevas maneras de acceder al apoyo terapéutico y profundizar en sus luchas inconscientes. La accesibilidad y el anonimato que ofrecen estas herramientas digitales han ampliado el alcance de las prácticas psicoanalíticas, acercando aspectos de la teoría freudiana a personas que quizás no hayan tenido contacto previo con el psicoanálisis tradicional.

El auge de la inteligencia artificial (IA) y el aprendizaje automático ha suscitado interesantes debates sobre el potencial de estas tecnologías para comprender la cognición humana y el inconsciente. Al analizar vastos conjuntos de datos de comportamiento digital y patrones de lenguaje, los sistemas de IA son prometedores para descubrir constructos y tendencias psicológicas latentes, lo que podría coincidir con el énfasis de Freud en las pulsiones ocultas y los pensamientos reprimidos. Las implicaciones éticas de utilizar la IA para explorar las profundidades del inconsciente plantean importantes interrogantes y merecen una cuidadosa reflexión a medida que navegamos por esta frontera digital.

Considerando la amplia influencia de la era digital en el comportamiento y las interacciones humanas, se hace cada vez más evidente que la teoría freudiana sigue resonando en este contexto contemporáneo. Al abordar complejidades como la privacidad digital, el uso ético de los datos y los límites de las intervenciones virtuales, la perdurable relevancia de las ideas de Freud persiste, impulsando a académicos y profesionales a explorar nuevas fronteras para descubrir e interpretar el enigmático campo del inconsciente en la era digital.

50 CITAS DE FREUD SOBRE EL INCONSCIENTE

Sobre los fundamentos del inconsciente

"La mente es como un iceberg: flota con una séptima parte de su volumen sobre el agua".

"El inconsciente es la verdadera realidad psíquica; en su naturaleza más íntima nos resulta tan desconocido como la realidad del mundo exterior".

"Somos lo que somos porque hemos sido lo que hemos sido".

"Ningún mortal puede guardar un secreto. Si sus labios callan, habla con las yemas de los dedos".

"La interpretación de los sueños es el camino real hacia el conocimiento de las actividades inconscientes de la mente".

"Los sueños son el cumplimiento disfrazado de deseos reprimidos".

"En el inconsciente nada puede terminar, nada es pasado ni olvidado".

"Donde estaba el Ello, allí estará el ego".

"No estamos gobernados por la razón sino por fuerzas ocultas del inconsciente".

"La represión es la piedra angular sobre la que se sustenta toda la estructura del psicoanálisis".

Sobre la represión y la resistencia

"La neurosis es el resultado de un conflicto entre el Yo y el Ello".

"Gran parte de nuestra vida mental es inconsciente; las razones de nuestro comportamiento a menudo nos permanecen ocultas".

"Las emociones reprimidas nunca mueren. Quedan enterradas vivas y surgirán más tarde de formas más desagradables".

"La mente consciente puede compararse con una fuente que juega con el sol y vuelve a caer en la gran piscina subterránea del subconsciente".

"Los síntomas son sustitutos de algo que está reprimido".

"Las emociones no expresadas nunca mueren. Quedan enterradas vivas y surgirán más tarde de formas más desagradables".

"El ego no es dueño de su propia casa".

"Hay una fuerza poderosa dentro de nosotros, un inconsciente, que impulsa gran parte de nuestro comportamiento".

"Lo que llamamos nuestra civilización es en gran medida responsable de nuestra miseria, y no debemos olvidar que el inconsciente siempre está trabajando".

"Todos los síntomas neuróticos tienen un significado y sirven para un propósito".

Sobre sueños y deseos

"Cada sueño se revelará como una estructura psicológica, llena de significado".

"El sueño es el cumplimiento (disfrazado) de un deseo (reprimido o suprimido)".

"Nunca estamos tan indefensos ante el sufrimiento como cuando amamos".

"En los sueños, el inconsciente nos habla en símbolos".

"Los sueños no carecen de sentido; no son absurdos. Son un fenómeno psíquico completamente válido".

"Los pensamientos oníricos que llegamos a conocer mediante el análisis son siempre enteramente racionales y se parecen al pensamiento de la vida de vigilia".

"Incluso en la vida de vigilia, los motivos inconscientes determinan gran parte de nuestro comportamiento".

"Un sueño que no se interpreta es como una carta que no se abre".

"El lenguaje de los sueños es simbólico".

"Las experiencias de la infancia se almacenan en el inconsciente y moldean el comportamiento adulto".

Sobre la estructura de la mente

"El Ello es la parte oscura e inaccesible de nuestra personalidad".

"El Yo es aquella parte del Ello que ha sido modificada por la influencia directa del mundo externo".

"El Superyó puede considerarse una especie de conciencia que castiga la mala conducta con sentimientos de culpa".

"La psique está estructurada en tres partes: el Ello, el Yo y el Superyó".

"El Ello contiene nuestros impulsos primitivos y es completamente inconsciente".

"El Yo media entre el Ello, el Superyó y la realidad".

"El Superyó se desarrolla a partir de los ideales internalizados de los padres y la sociedad".

"La salud mental es un equilibrio entre el Ello, el Yo y el Superyó".

"El objetivo del psicoanálisis es hacer consciente lo inconsciente".

"La civilización comenzó la primera vez que una persona enojada lanzó una palabra en lugar de una piedra".

Sobre la terapia y el psicoanálisis

"Ser completamente honesto con uno mismo es un buen ejercicio".

"El inconsciente habla en metáforas".

"El psicoanálisis es en esencia una cura a través del amor".

"El análisis no pretende hacer imposibles las reacciones patológicas, sino dar al yo del paciente la libertad de decidir en una dirección u otra".

"El hombre no debe esforzarse por eliminar sus complejos, sino por llegar a un acuerdo con ellos: son ellos los que legítimamente dirigen su conducta en el mundo".

"Dondequiera que voy, descubro que un poeta estuvo allí antes que yo".

"El objetivo del psicoanálisis es fortalecer el Yo, hacerlo más independiente del Superyó, ampliar su campo de percepción y extender su organización".

“Donde había ello, habrá ego”.

“Las palabras tienen un poder mágico. Pueden traer la mayor felicidad o la más profunda desesperación”.

“De tus vulnerabilidades surgirá tu fuerza”.

www.ingramcontent.com/pod-product-compliance
Lightning Source LLC
LaVergne TN
LVHW010940051026
849532LV00003B/1066